Hildegard Morche/Robert Kühn Seemannsbraut war die See

Hildegard Morche
Robert R. Kühn

Seemanns Braut
war die See

Die Zeit danach.

Unter Segel durchs Kattegatt und in die Ostsee

Im Selbstverlag
1999

Selbstverlag Hildegard Morche und Robert Kühn
Hamburg 1999
Umschlagbild : Jörg Morche
Herstellung : Libri Books on Demand
ISBN 3 - 89811 - 290 - X
Vertrieb : Georg Lingenbrink GmbH & Co

Hildegard Morche - Robert Kühn
Seemannsbraut war die See

Zu diesem Buch :

„Seemanns Braut *war* die See" oder auch : „Mit Adenauer über Skagen nach Bornholm", wie der Arbeitstitel war, ist die Fortsetzung des ersten Werkes der Autorin Hildegard Morche. Es ist die posthume Auseinandersetzung mit der Zeit, als ihr erster Mann, Ernst Morche, an Land gegangen war. Für die ganze Familie hat dieses erhebliche Umstellungen zur Folge gehabt, vor allem für den Seemann, der durch jahrzehntelange Fahrtzeit geprägt worden ist.

Ein Jahr nach dem frühen Tod Ernst Morches unternimmt sie mit einem der Söhne, eher unfreiwillig, eine mehrwöchige Reise unter Segel, die sie von Südschweden über Skagen tatsächlich nach Bornholm führt.

Diese Reise gibt Gelegenheit, die Jahre mit ihrem Mann, die er an Land tätig war und dann in Rente ging, zu erinnern und vor allem, das Thema seines Todes weitgehend aufzuarbeiten. Sie gewinnt dabei die Freiheit zurück, ihr Leben selbst gestalten zu können.

Ob Adenauer wirklich dabei war ?

Der „Adenauer" ist, vor allem bei den Seglern, die schwarz-rot-goldene Bundesflagge.

1. Kapitel

Prolog auf dem Lande

Der Abfallbeutel hatte sich gefüllt. Aber nicht so, wie ich es selbst getan hätte. Ein Anderer hatte eine Menge Zeitschriften hinzugepackt. Die Zeitschriften kannte ich natürlich, auch den, der zu bequem war, sein Altpapier selbst in den Müll zu tun. Hier und da war in jeder Zeitschrift etwas angekreuzt, Telefonnummern unterstrichen, Fragezeichen hinzugefügt.

„Willst du doch noch kaufen ?". Ich bekomme keine Antwort. „Musst du unbedingt nach Stockholm ?" Nichts. „Ich würde gern mitfahren !". Er klappt die Zeitschrift zu, sieht mich an, ganz und gar nicht unfreundlich. Warum kriegt er den Mund nicht auf ? Mein Ärger-Hormonspiegel hatte sich gefährlich erhöht. Mit seinem freundlichen Blick brach er bis auf einen Rest zusammen. „Kriegst du den Mund nicht auf ?" hätte ich ihn böse und vorwurfsvoll fragen können. Ich habe es nicht getan. Ich tue es nie mehr, seit ich mit dieser Methode arg gestrandet bin. Jetzt warte ich auf den richtigen Wind. Irgendwann dreht er immer in die richtige Richtung und bekommt die nötige Stärke. Dieses Mal dauert es kaum eine Minute. Eine irre lange Zeit, wenn man darauf wartet. „Ein Folkeboot". Schluss. „Das wollte Vater immer gern haben ! - Aber aus Holz. - Mir wäre es zu eng. - Auch zu zweit. ! - GFK ?" Er zuckt mit den Schultern. „Wo ?" quäle ich ihn weiter und überlege, ob ich dieses zähe Gespräch nicht lieber abbrechen soll. Vielleicht war es nur Trotz, dass ich nicht aufgehört habe. „Wo ? Hier in Deutschland ?"

Er versinkt in Gedanken, sieht freundlich durch mich hindurch. Ich möchte hochgehen und ihn auszählen. Ich schaffe es nicht. Irgendwie muss ich doch meinem Frust über dieses zähe Gespräch loswerden. Wieso Gespräch? Dies ist ein Monolog! Im Stillen fange ich an, zu zählen, wie man die Schafe beim Einschlafen zählen soll oder bis drei, bevor man den Mund aufmacht. Das tue ich häufiger, und es tut immer gut. Als Hausmeisterin muss man sich abhärten, sonst kommt man in die Klapsmühle oder in die dunkle Kuhle. Zu beiden hatte ich keine Neigung ; zur Klapsmühle überhaupt nicht, und die Kuhle, das wünsche ich mir, soll noch eine ganze Weile warten. Es ist noch nicht lange her, dass ich mich damit auseinandersetzen musste. Bis heute bin ich damit nicht fertig geworden. Für eine ganze Weile habe ich Ruhe, dann überfällt es mich, quält mich, will mich zerreißen.

Mit einem Blick, den ich als liebevoll zu deuten gelernt habe, verabschiedet er sich wortlos. Ich soll, bitte schön, warten. Das war nachmittags. Abends macht er die Tür selbst auf, die zu sich. Er bringt mehrere Zeitschriften mit, blättert eine nach der anderen auf, bis er eine angekreuzte Anzeige gefunden hat, nickt mir zu, dass ich mich zu ihm setze und fängt an: „Da habe ich schon angerufen. Ist aber schon weg !" „Warst du wieder nicht schnell genug ?" Sein Gesicht wird ernst. Ich weiß, das „wieder" hat ihn gekränkt. Man kann damit viele Menschen kränken. Ich versuche, mir diese Unsitte abzugewöhnen. Fast habe ich es schon geschafft. Aber ausgerechnet dann, wenn ich auf eine eben geöffnete Tür zugehe, rutscht mir die Zunge aus. Ich lege meine Hand wortlos auf seinen Arm. Im Untergrund höre ich ihn grollen, dann ist wieder Friede zwischen uns, in uns.

„Das wäre mein Traumschiff gewesen !". Er zeigt mir eine andere, auffällige Anzeige mit einem ungewöhnlich aussagekräftigen Bild, zeigt, dass er alle Spannung aufgegeben hat. Ich bin erleichtert und werde gleichfalls gelassen, entkrampft. „Das könnte mir auch noch passen. Aber so viel Geld habe ich nicht !". „Du kannst doch ein Stück herunterhandeln. Das macht doch je- der !" Ich weiß, dass er nicht handeln und feilschen mag, obwohl er durchaus Talent dazu hat. Ob es Scheu oder Noblesse ist, kann ich nicht sagen. Sicher von beidem etwas. Wie sein Vater. Trotzdem reden wir weiter über dieses Schiff, das scheinbar Unerreichbare. Es ist ein Folkeboot.

Dann redet er offen darüber. „Warum ein Folkeboot ?". „Es ist schnell und seetüchtig !". „Und eng !" füge ich hinzu. „Das interessiert mich nicht !" „Aber mich !". „Wieso dich ?". Es klingt vorwurfsvoll. „Ich werde doch mal mitsegeln dürfen. Oder nicht ?". Er schweigt. Also ist es ihm nicht recht, dass ich solche Ansprüche stelle. Mit der unverfänglichen Frage, wo denn das Schiff liegt, löse ich das Schweigen wieder auf. Diese bedrückende Stille, wenn ein Gespräch eine lästige Wendung genommen hat, mag ich gar nicht. Er beißt an: "Öresund". „Schweden ?" Er nickt nur. Dann wieder diese Stille. Muss ich dem Kerl denn alles aus der Nase ziehen ? Soll ich wieder warten, bis er Lust auf Fortsetzung hat. Ich brauche es nicht. Er zeigt mir die Anzeige noch einmal und hat eine Autokarte von Schweden dabei, auf der er den Ort markiert hat. Nicht weit von Malmö entfernt. Er sagt es und zeigt auf den Maßstab der Karte, 1 zu 750 Tausend. Ich kann mir nichts darunter vorstellen. „1 Centimeter sind 7,5 Kilometer" erklärt er mir. „Oh !"

Trotzdem fällt es mir schwer, dieses in die Wirklichkeit umzusetzen. Ich habe wohl gelernt, auf der Seekarte eine Distanz abzustecken, kann mir plastisch vorstellen, wie weit ich bei so und soviel Knoten Fahrt in so und so viel Stunden komme. Und dabei habe ich einen Wagen und fahre auch gern, aber kaum jemals über größere Strecken. In den seltenen Fällen über Land habe ich mir meistens einen Navigator zulegen können. Irgendeiner aus der Familie war immer dazu bereit.

„Hast du schon angerufen ?", frage ich. Er schüttelt ein wenig den Kopf, so dass ich wieder nicht weiß, ob er meine Frage aufgegriffen hat. Ich bin immer noch ein wenig gereizt, bemühe mich aber, es nicht zu zeigen. Offenbar mit Erfolg. Das Gespräch bleibt trotz mancher Pause locker und freundlich. Eine neuerliche Frage, in der das böse Wort „wieder" vorkommen sollte, verkneife ich mir. Statt zu antworten erklärt er mir: „Ich fahre mit der Fähre von Travemünde nach Malmö und dann" zeigt er wieder, dieses Mal deutlicher als vorhin, auf die Karte „ungefähr 50 Kilometer nach Norden. Der Ort muss direkt am Sund liegen !" „Dann rufe doch wenigstens an !" Er grinst mich an : "Ich habe mir das Boot schon die letzte Woche reservieren lassen. Es ist noch da !".

Und damit fing das Abenteuer an. Er, Jörg, hatte seine Ausbildung abgeschlossen und eine Menge von Bewerbungen losgelassen. Ein paar Absagen waren schon eingegangen, aber er wusste, dass die Situation in seinem speziellen Arbeitsgebiet Außenhandel und Zoll günstig war. An einem Abend hatten wir, wie häufig, ein gutes Glas Roten zusammen getrunken, hatten über Vergangenes geredet, hatten gemeinsam versucht, das bedrückende Vorjahr zwar nicht ungeschehen zu machen, aber wenigstens die Schatten loszuwerden. Manchmal klappte es, aber genau so häufig kehrten sich unsere Bemühungen ins Gegenteil um.

Mit dem Ende von Jörgs Ausbildung und dem Schiffskauf kam ein neues Element in unsere Gespäche . Ich habe es als wohltuend empfunden. „Du hast doch schon eine Zusage. Du könntest doch schon im nächsten Monat anfangen !". Er machte eine Bewegung, als kratze er sich am Kopf, um anzuzeigen, dass er eine schwere Entscheidung mit sich herumtrage. „Eine Chance wie jetzt bekomme ich nie wieder !" „Ist das so eine großartige Stellung ?" „Überhaupt nicht !" „Wieso ist das denn so eine einmalige Chance ?" Er wurde geradezu feierlich, wie ich es bei ihm kaum jemals erlebt hatte und sagte, nein, er verkündete: "Segeln bis zum Umfallen !!" Mein fragendes Gesicht ließ ihn fortsetzen : „ Ich werde erst im September anfangen !" . „Und wovon willst du inzwischen leben ?". Diese Frage hätte ich mir verkneifen können, denn Jörg war schon seit Kindestagen ein Meister der Finanzen. Jeder hamburgische Finanzsenator könnte von ihm lernen. Er reagierte auf meine Frage überhaupt nicht und setzte seinen Monolog fort : „Ich kaufe das Folkeboot, segel so zeitig wie möglich los und komme Ende August zurück !".

Die Mutter in mir witterte tausend Gefahren. „Du kannst doch nicht einfach allein lossegeln !". „Das will ich auch nicht !". Ich überflog in Windeseile, welcher der Freunde als Mitsegler in Frage käme. Ich fand keinen. Alle waren entweder noch in der Ausbildung oder schon im Beruf. Einen Studenten, der dafür noch am ersten in Frage kam, hatte er nicht in seinem segelnden Freundeskreis. An eine Frau hatte ich nicht gedacht. Über seine Freundinnen redete er nicht gern und erst dann, wenn andere mir längst davon berichtet hatten. Ich habe ihn nie danach gefragt. Auch die beiden Geschwister nicht. Trotzdem habe ich mehr erfahren als die meisten anderen Mütter. Wenigstens glaube ich das.

Die Frage nach dem Mitsegler blieb bis unmittelbar vor dem Törn in meinen Augen ungeklärt. Wir haben auch nicht wieder darüber gesprochen. Wenn Jörg sich so ein Unternehmen vornimmt, dann würde er auch für das

Nötige sorgen. Mit seinen 28 Jahren und einiger Lebens-
und Berufserfahrung war er kein Grünling mehr, den
man ständig bremsen musste. Allerdings galt es nicht
unbedingt für das Segeln. Denn gerade da ließ er sich am
wenigsten dreinreden. Leichtsinnig ist er aber genauso-
wenig gewesen wie seine segelnden Geschwister.

„Hast du das Folkeboot vergessen?", fragte ich, nachdem
ich eine Weile von ihm nichts darüber gehört hatte.
„Nö!" „Du hast dich nicht wieder darum geküm-   mert
!" „Doch!" „Wieso?" „Es ist noch da!" „Dann hast du
mit denen telefoniert?" Er fummelt an seinen Fingern
und sagt gar nichts. Nein, fast gar nichts. Es bedeutet JA.
„Kannst du dir das Schiff überhaupt leis-ten?" Eine
dumme, total überflüssige Frage. Wenn er sich jetzt um
das Schiff bemüht, dann weiß er auch, dass er es bezahlen kann. Dass er „liegende Gelder" hat und immer
schon hatte, weiß ich, und er hat niemals einen Hehl daraus gemacht. Über das „Wieviel" hat er nur gesprochen,
wenn er besonders mitteilsam war. Dann hat er mich
auch mit „Mutti" angeredet.

„Mutti" hat eigentlich immer bedeutet, dass ich etwas für
ihn tun sollte. Sonst hat er mich angesehen und darauf
gewartet, dass ich auf Empfang gehe. Dann hat er losge-
legt, kurz und genau, allerdings auch häufig mit Kürzeln
wie in der Stenografie, und ich musste mir den Rest zu-
sammenreimen. „Wie meinst du das?"oder „Das verstehe ich nicht!" war, wenn ich genau erinnere, die Ausnahme. Wieso soll ich mich erinnern? Es ist doch heute
noch genau so.

„Kannst du mir die Karten besorgen?" „Welche?" frage
ich. Seinen Blick kann ich nicht deuten. Woher soll ich
wissen, welche Karten er haben will? Er fragt nicht nur
mit den Augen, ich sehe ein wenig Spott und bin

beleidigt. Das wiederum registriert er und lacht mich an oder aus. Das Telefon läutet und beschäftigt mich eine Weile. Bei einem der Mieter tropft es durch die Decke. Ich habe längst vergessen, dass ich beleidigt sein wollte. Jörg ist bei mir geblieben und blättert in einer Zeitschrift. Es muss eine Seglerzeitschrift gewesen sein, denn eine andere nimmt er bei mir nicht zur Hand. Ich habe auch vergessen, dass er etwas von mir will.

Ich bin von dem Telefonat noch wie abwesend und überlege, was ich als nächstes tun muss. Er lässt mich in Ruhe. Ich bin dankbar dafür. Als ich aufatme und damit kundtue, dass ich mit meinem Überlegungen zu einem Abschluss gekommen bin, nimmt er den Faden wieder auf : „Kannst du dich erkundigen, welche Fähre nach Malmö geht, wann sie fährt und was sie kostet ?" „Wann willst du denn fahren ?" „Am Sonnabend," sagt er ziemlich unwirsch. Woher soll ich wisssen, wann er fahren will ? Dann entschuldigt er sich : „Ich kann nur am Sonnabend. Die letzten Klausuren kann ich nicht schwänzen . Wahrscheinlich komme ich am gleichen Tag nicht wieder zurück !" In mir rauscht es.

Die Sache mit dem Wasserschaden beschäftigt mich sehr, und ich muss sehr schnell handeln. Aber da ist auch die große Sehnsucht, einmal nach Schweden zu kommen, in den Norden, den ich mehr als jedes südliche Land liebe. Jörg muss etwas gespürt haben. Obgleich unser Gespräch zu Ende ist und alles Nötige besprochen ist, bleibt er ruhig und aufmerksam bei mir. Sogar seine Hände, die sonst häufig in Bewegung sind, bleiben still. Ganz schüchtern sage ich : "Ich möchte gern mitfah- ren !".

Seine Freude habe ich erwartet, und dennoch überrascht sie mich. „Prima !" „Aber mit dem Opel !" mache ich zur Bedingung. „Nein !" sagt er und geht. Es passt mir nicht, aber wenn ich nicht riskieren will, über diesen Streit die Traumreise zu verpassen, muss ich mich wohl oder übel fügen. Also sage ich gar nichts.

Mich schaudert bei dem Gedanken, mit seinem Wagen fahren zu müssen. Ich habe zwar selbst einen Methusalem von Auto, aber ich kann dank Uwes Geschicklichkeit durch die Rostlöcher weder die Straße noch den Himmel sehen wie bei Jörgs asthmatischem und unberechenbaren alten Fiat.

In unserer Gegend gibt es eine ganze Menge Reisebüros. Ich frage bei dem nächstliegenden an und merke, dass die Leute mir wohl eine Schickimicki-Reise nach irgend wohin verkaufen können, aber von Ostseefähren keine Ahnung haben. Das nächste Reisebüro sucht mir eine Fähre nach Malmö aus, von der ich noch nie gehört habe. Im nächsten Reisebüro erfahre ich, dass diese Fährverbindung erst geplant ist. Aber es ist das richtige Reisebüro. Es ist kurz vor Beginn der Frühjahrsreisezeit, und darum kommen wir zu einem unerhört günstigen Preis weg.

Ich lege Jörg die Karten vor die Nase und erkläre überschäumend, welch Schnäppchen ich erwischt habe. Er bleibt freundlich, aber meine laute und wortreiche Freude mag er nicht teilen. Das würde auch nicht zu ihm gepasst haben. Genau so wenig wie zu seinem Vater. Er lenkt von der Freude ab: "Dann bin ich morgens in Malmö, hab' genug Zeit und kann sogar abends wieder zurück!" „Du oder wir, was denn nun ?" wende ich ein wenig beleidigt ein. „Wieso ?" An der Pause, die nun eintritt, merkt er, dass mir diese blöde Bemerkung nicht passt. „Dann nehmen wir Proviant mit und brauchen unterwegs nicht essen zu gehen!" Damit ist die Kuh wieder vom Eis.

16

Und genauso ist es geschehen. Der alte Fiat zeigte sich versöhnlich, nachdem Jörg ihm noch einmal gut zugeredet hatte, Zündkerzen und Verteiler gereinigt , ein wenig Luft in die alten Reifen geblasen und auch sonst inspiziert hatte. Der Fresskorb war gut gefüllt. „Wer soll denn das alles essen?" „Wir !" Und dabei wusste ich genau, dass ich immer viel zu viel Proviant einpacke.

Unsere Freunde hatten sich daran gewöhnt, dass ich immer reichlich mit hatte und eine halbe Kompanie zusätzlich verpflegen konnte. Dieses Mal waren wir allein, und ich habe mich im Stillen darüber geärgert, dass ich so unvernünftig viel mitgenommen hatte. Über dieses ständige „Zuviel" habe ich mich auch sonst manchmal geärgert, und Ernst hat mir häufig darüber Vorwürfe gemacht. „Du machst es wie mit dem Vogelfutter im Winter : Die ganze Vogelschar wird von dir verwöhnt, und dann wunderst du dich, dass ihr Geschnatter dir auf den Geist geht !"

Wir hatten bei Nordö gebucht und fuhren mit der „Malmö Link" ab Travemünde zum späten Abend. Wir waren zeitig vor Ort und hätten gut und gern noch einen schönen Spaziergang an der Travemünder Promenade machen können. „Lass uns man lieber gleich zum Fährterminal !" Ich war ganz froh darüber, denn ich konnte meine Aufregung nicht verbergen. Jörg tat äußerst ruhig und beherrscht . Sein Vater hätte in einer solchen Situation auch nicht zeigen wollen, wie es in ihm aussah.

Manchmal hatte ich geglaubt, ich könnte in beide hineinsehen, ihre Gedanken verfolgen. Die beiden waren einander so ähnlich, dass es keine Mühe machte, von einem auf den anderen zu schließen. Ich wünsche, ich hätte wirklich einen solchen Röntgenblick gehabt. So muss ich mir eingestehen, dass ich weder bei dem einen oder dem anderen jemals gewusst habe, was wirklich in ihnen vorgeht. Hätte ich es bei Ernst gewusst, dann hätte ich mich vielleicht anders verhalten und unserem Leben eine andere Richtung geben können. Ich habe mir einfach eingebildet, ich wüsste genug über seine Gedanken und seine Empfindungen.

Nein, das ist nicht richtig. Ich war mir schon manches Mal nicht im klaren, was in ihm vorging und habe darunter gelitten. Warum soll ich mir in die eigene Tasche lügen? So ist es doch gewesen! Eine Mutter möchte gern wissen, was in den Köpfen ihrer Lieben vorgeht. Dass dieser Anspruch eine Vermesssenheit ist, einfach eine Ungeheuerlichkeit ist, war mir immer bewusst. Trotzdem hat es immer wieder Situationen gegeben, wo ich ratlos und unsicher war, wo ich helfen wollte und dabei Angst hatte, das wertvollste Porzellan zu zerschlagen, den Respekt vor dem Wesen des Anderen.

Schuld ist nicht nur, etwas zu tun, was einem anderen Schaden zufügt, sondern auch, nichts zu tun. Wenn jemand aus meiner eigenen Familie etwas zu seinem Nachteil erlitten hat, dann habe ich mich immer dafür verantwortlich gefühlt. „Warum hast du nicht dafür gesorgt, dass es nicht passiert? Warum hast du nicht aufgepasst? Du hättest es doch merken müssen!" Ich habe mir gesagt, dass ich weder allwissend bin, noch in letzter Konsequenz verantwortlich für das Leben anderer, selbst wenn es der eigene Mann und die eigenen Kinder sind. Diese Einsicht, so selbstverständlich sie ist, war für mich immer nur ein schwacher Trost.

Die „Malmö Link" und das Schwesterschiff, die „Lübeck Link" sind keine Luxusfähren. Es sind Arbeitstiere für die vielen LKW, die Nützliches und Sinnloses von Spanien und Griechenland bis zum Nordkap transportieren. Die PKW erscheinen wie Spielzeuge zwischen den 30-Tonnern. Später habe ich die Luxusfähren erlebt, die „Peter Pan" und die anderen. Der gelassene Umgang an Bord der Nordö-Fähren hat uns immer mehr behagt als die Aufgeregtheit auf den anderen Fähren.

Auf der „Malmö Link" hatten wir eine Kabine gebucht, eine 4-Bett-Außenkabine, die wir allein für uns hatten. Wir sind auf dem ganzen Schiff herumgegangen, neugierig und haben es mit den Schiffen verglichen, die wir mit Ernst kennengelernt hatten. Es war eine ganz andere Seefahrt. Die Brücke war ohnehin für die Fahrgäste unzugänglich, die wenigen Leute an Deck beschäftigten sich mit dem Einweisen der Fahrzeuge und dem Laschen. Die Fahrgäste waren für sie nicht vorhanden. Wo sie wohnten haben wir nie erfahren können.

Um die Abfahrtzeit, abends um halb elf, war weitgehend Ruhe auf dem Schiff eingekehrt. Die abgekämpften LKW-Fahrer hatten sich entweder in ihre Kojen in den Fahrerhäusern zurückgezogen oder saßen noch im Restaurant und bei der Zigarette nach dem Abendessen. Das Essen war sichtlich preiswert und überaus deftig und reichlich. Eben für schwer Arbeitende. Gegen Mitternacht gingen auch wir in die Koje und haben gut, wenn auch leicht geschlafen. Mitten in der Nacht wurde ich wach, weil das Maschinengeräusch sich änderte. Das ist bei mir immer so gewesen, und Ernst hat gesagt, dass es auch jedem Seemann so ginge.

„Weißt du, wie wir fahren müssen ?" Jörg zuckte die Schulter „Wir werden sehen !" . Dass er eine Autokarte von Schweden mit hatte, wusste ich , aber auch, dass es sozusagen ein bloßer Übersegler war, auf dem nur die wichtigsten Straßen verzeichnet sind. Unterwegs erzählte er zu meiner Erleichterung, dass der Sohn des Verkäufers uns an einem bestimmten, markanten Punkt treffen würde, um uns über die letzte, unübersichtliche Strecke zu lotsen.

Es dauerte länger als nach der eher bescheidenen Distanz zu erwarten war. Jörg schob mir die Karte hin, auf der ich wegen des unruhigen Fahrzeugs nichts erkennen konnte. „Wo sind wir denn?" fragte ich. „Irgendwo hier!" „Damit kann ich nichts anfangen!". Er war nervös geworden und ein wenig ungehalten. Bei einer Dorfdurchfahrt hielt er an und telefonierte. Danach ging es ganz schnell. Ein junger Mann in Jörgs Alter hatte uns entdeckt und stellte sich uns in den Weg. Er sprach Jörg auf Englisch an, das dieser erwiderte, stieg in seinen Wagen und fuhr uns voraus. Wie schon eine Strecke zuvor ging es durch eine Landschaft, wie ich mir Schweden immer schon vorgestellt hatte und wie ich es vor allem aus vielen Fernsehsendungen kannte: Felsen, immer wieder Felsen, teils nackt, teils mit einer bescheidenen Humusdecke bekleidet, mit niedrigem Buschwerk und vor allem mit Birken bestanden. Große Felsen, kleine Felsen, graue und bunte, aber alle rundgeschliffen von der letzten Eiszeit. Dazwischen eingestreut Häuser, viele im typischen Rot mit weißen Fenstern, andere weiß mit viel blau und gelb. Blau und Gelb scheinen nicht zufällig die schwedischen Landesfarben zu sein.

Es waren nur wenige Minuten, die wir noch zu fahren hatten, allerdings kreuz und quer, viele holprige Wege entlang, die nicht gekennzeichnet waren. Allein hätten wir kaum zum Grundstück des Verkäufers gefunden. Das Haus erschien mir so typisch für Schweden, obgleich ich von Auge zu Auge noch nie ein schwedisches Haus gesehen hatte, schon gar nicht von innen.

2. Kapitel

Ulla

Eine Frau wie aus einem Katalog für Schwedenreisen empfing uns. Sie war, so schätzte ich, wohl gleich alt wie ich und von einer überquellenden Freundlichkeit. Sie war die eigentliche Verkäuferin, sprach aber weder deutsch noch englisch. Jörg führte darum die Verhandlungen mit dem Sohn auf Englisch. Ein wenig Englisch kann ich wohl verfolgen, deshalb hörte ich heraus, dass sie mit dem Bootsverkauf schnell fertig waren und sich über andere Dinge unterhielten. An ihren Armbewegungen und anderen Gesten war zu erkennen, dass es sich ums Segeln drehte, so, wie Angler ihre eigenen Gesten haben, um zu zeigen, wie riesengroß die letzte Beute gewesen ist.

Die Schwedin brach als erste den Bann, löste die Verlegenheit auf, indem sie mir ihre rechte Hand hinstreckte und einfach sagte: "Ulla !" Ich tat es ihr gleich und sagte "Hilde !"Dann haben wir wie ganz junge Mädchen gemeinsam gelacht. Ulla führte mich durchs Haus und redete unaufhörlich auf Schwedisch weiter. Manchmal waren ein paar Brocken Deutsch dazwischen und auch Englisch. Was sie damit meinte, war mir klar , denn ich sah ja, was sie mir vorführte. Ich konnte deshalb zustimmend nicken, ohne lügen zu müssen. Die Frau stand mir von Anfang an nahe, ohne dass ich wusste,warum es so war. Ich habe es erfahren, als wir wenige Monate später das Boot abholten.

Das Boot, wie angezeigt, war ein guterhaltenes Folkeboot. Dass es einen Innenborder-Diesel hatte, hat mich sehr beruhigt. Wenn ein Boot in schweres Wetter gerät, ist es mit einem Innenborder einfach unvergleichlich sicherer zu manövrieren als mit dem beim Folkeboot üblichen Außenborder. Ich würde darum weniger in Sorge sein müssen, wenn Jörg unterwegs war. Das Schiff hieß „Samba" und hat später in rauher See auch Samba getanzt.

Nach dem schnellen Ende der Verhandlungen hat Ulla für uns alle ein festliches Mittagessen bereitet und viele Trinksprüche ausgesprochen, von denen mir nur Skol in Erinnerung geblieben ist.

„Dann können wir doch noch heute zurückfahren?" Ulla muss es verstanden haben, denn sie redete in ihrem schönen, singenden Schwedisch unaufhörlich auf mich ein, doch noch zu bleiben. Sie zog mich vom Tisch weg und zeigte mir ihr Gästezimmer, das mit sehr persönlichen Dingen angefüllt war, so dass ich schon deshalb keine Neigung zeigte, in einen so intimen Bereich einzudringen. Sie machte mir deutlich, dass sie gerade deshalb Wert darauf lege, dass wir bleiben. An das „Wie", wie wir uns schließlich über sehr private Dinge unterhalten konnten, kann ich mich beim besten Willen nicht mehr erinnern. Ich glaube, dass man auch ohne Sprachkenntnisse sich ganz einfach über offengelegte Empfindungen verständlich machen kann.

Wir sind sehr zeitig aufgebrochen, weil Jörg nicht gern bei Dunkelheit den unbekannten Weg fahren wollte. Wir Frauen haben uns unter Tränen voneinander verabschiedet. Es würde nicht lange dauern, bis das Boot abgeholt wird und wir uns wiedersehen würden.

„Hast du den Weg noch im Kopf?". Jörg schiebt mir die Karte zu, die ich wieder wegen des rumpelnden Wagens nicht lesen konnte. „Links?" „Moment mal, da war die

Tankstelle, ja, links, und gleich dahinter ist die Landstraße !" Wir mussten heute Vormittag einen ziemlichen Umweg gefahren sein.

Kaffee hatten wir noch bei Ulla getrunken und hervorragenden Kuchen dazu gehabt. Ein Rezept, das ich nicht kannte. Das Wort „Rezept" hätte Ulla eigentlich verstehen müsssen, weil es in den meisten europäischen Sprachen gleich oder mindestens sehr ähnlich ausgesprochen wird. Es hatte Gemeinsamkeiten gegeben, die uns sehr aufgewühlt hatten. Sicher deshalb hatte Ulla mich nicht verstanden, als ich sie um das Rezept bat.

Wir sind eine ganze Weile in Malmö herumgeschlendert und haben mehr oder minder wahllos an den alten Gebäuden emporgesehen. Jörg wies auf eine alte Befestigungsanlage hin und meinte: "So friedlich wie heute war es offenbar nicht immer hier !"

„Was hältst du von dem Boot ?" „Das verkaufe ich gleich wieder !" „?" „Gefällt es dir nicht ?" „?" „Mit welchem Schiff willst du denn die lange Reise machen ?" „?" „Ich finde das Schiff einfach gut. So ge-pflegt ! Das sehe ich sogar als Frau !" . Immer noch keine Antwort. "Wenn du nur kaufen willst um wieder zu verkaufen, dann hätte ich gar nicht mitfahren brauchen !". Lange Pause. Mit den Fingern knipsen, luftholen. „Holst du das Schiff mit ab ?" fragt mich der maulfaule Kerl schließlich. „Das muss ich mir noch überlegen !" zier ich mich, aber kaum ehrlich. Er grinst auf eine so unverschämte Art und Weise, dass ich wütend werde. Über mich. Er wusste ganz genau, dass ich mir eine solche Gelegenheit, wieder nach Schweden zu kommen nicht entgehen lassen wollte. Über die unerwartet innige neue Freundschaft mit Ulla habe ich vorsichtshalber nichts gesagt.

Während des Einfahrens in die Fähre, dieses Mal die „Lübeck Link" und das zentimetergenaue Einparken war natürlich Stille zwischen uns. Mir war nicht ganz geheuer in dem gewaltigen Schiff, in dem trotzdem alles so nahe an mich herankam. Dieses Mal hatten wir uns das skandinavische Büffet geleistet. Weil wir beide keine großen Esser sind, war es im Grunde genommen viel zu teuer. So sehr ich auf den köstlichen Räucherlachs auch starrte, mein Magen mochte einfach nicht mehr. Auch ein deftiger Schnaps hat mir nicht weitergeholfen.

Die 4 Bett-Kajüte hatten wir wieder für uns allein. Ich war erleichtert. Bei der Aussicht, möglicherweise mit fremden Menschen in einem Raum schlafen zu müssen, wollte ich schon im Reisebüro aufgeben. Nur weil ich Jörg ganz fest versprochen hatte, die Fahrt zu buchen, hatte ich mich überwunden. Ich hatte die Dame im Reisebüro nach Mitfahrern gefragt. Sie hatte mich getröstet. Um diese Jahreszeit hätten zwei Passagiere gewöhnlich die Kammer für sich allein. Als sie mein zweifelndes Gesicht sah, muss sie der Teufel geritten haben. Ganz beiläufig sagte sie : "Manchmal haben Fernfahrer auch eine Kabine gebucht !". Dann lenkte sie ein: "Ich sehe mal nach, wie es aussieht !" und befragte ihren Computer. Während mir heiß und kalt wurde, tippte sie endlos lange herum und erlöste mich endlich mit den Worten: „Die Fernfahrer haben überhaupt keine Kabine gebucht !"

Jörg fährt eine ganz schön flotte Sohle. Ich habe den Eindruck, besonders, wenn ich bei ihm im Wagen sitze. Manchmal habe ich gedacht , dass er so provozierend fährt, um zu beweisen, wie unbegründet meine Angst ist. Ja, ich habe Angst. Nicht vor irgend etwas, sondern ganz allgemein. Ich bin, wie meine Kinder sagen, eine ängstliche Haut. Am meisten Angst habe ich, wenn meine Brut unterwegs ist und nicht zur verabredeten Zeit wieder zurück ist. Dann werde ich ganz fusselig vor Angst und kann kaum noch richtig denken. Meine Arbeit geht wie bei einer Gelähmten vor sich. Wenn ich selbst am Steuer sitze, habe ich überhaupt keine Angst. Auch wenn ich mit Ernst an Bord war, habe ich kaum jemals Angst gehabt, noch nicht einmal bei schwerem Wetter.

„Du fährst ja heute richtig zahm," lästere ich. Jörg verzieht ein wenig das Gesicht : "Ich muss die Kiste schonen. Mehr Geld habe ich nicht !" „Ach so, du könntest aber ruhig ein wenig schneller fahren, meine Blumen haben heute noch kein Wasser bekommen !". Er kuppelt aus und lässt die Maschine jaulen. Ich nicke theatralisch zufrieden und lehne mich demonstrativ zurück. Er bleibt bei bescheidenen 80 Kilometern in der Stunde. Dann war Stille zwischen uns beiden bis wir vor der Haustür standen. Zum Glück brauche ich als Beifahrer nicht auf den Verkehr zu achten.trotzdem überrascht mich eine Vollbremsung. Fast knalle ich mit dem Kopf gegen die Windschutzscheibe, obgleich ich angeschnallt bin. Der Panda ist nun einmal ein sehr kleines Auto. „Idiot !" zischt Jörg durch die Zähne. Er gibt Gas und zieht links an der fast stehenden Kolonne mit den Mercedes, BMWs und Porsches vorbei. Auf seinem Gesicht sehe ich ein Stück Zufriedenheit. Dann stehen auch wir im Stau.

Ich überlege: Ich muss mir noch die Leckage ansehen, oben, wo es undicht war und unten, wo die Tapeten von der Wand fallen. Und beim Klempner anklingeln, was denn los war. „Ich muss wohl laut gedacht haben, denn Jörg fragt mich :"Bist du denn für jeden Käse zuständig ?" Ich gebe ihm keine Antwort, denn mit meinen Gedanken bin ich schon weiter. Wer segelt mit Jörg ? Andere Bilder entstehen vor meinen inneren Augen : Die Fahrt durch die steinige schwedische Urzeitlandschaft,

Haus und vor allem sie selbst. Jörg stört mich nicht. Er wird seine eigenen Gedanken haben.

3. Kapitel

Vorbereitungen

Über die „Samba" haben wir etliche Wochen überhaupt nicht miteinander geredet. Trotzdem ist viel passiert. Ab und zu hat Jörg mich um etwas gebeten : "Mutti, kannst du mal...Mutti, hast du mal Zeit, die Seekarten abzuholen..." Häufig hat er mir nur einen Zettel hingelegt. Warum sollte ich mich einmischen ? Ich hatte ja mit seinem Törn nichts zu tun. Der Berg an Ausrüstungsgegenständen in seinem Zimmer wuchs unaufhörlich an. Ölzeug, Schwimmwesten, Pullover, Unterzeug, Strümpfe, Tauwerk, Werkzeug - alles vereinigte sich zum üblichen Mix dessen, was man benötigt, wenn man auf sich allein gestellt ist.

Die Probe aufs Exempel hatten wir im Jahr zuvor gemacht, als wir binnen vier Wochen einmal rund Fünen gesegelt sind. Meine Erfahrungen mit der kleinen Leisure, einem Mini-Segelboot von 5 m Länge, aber geräumiger Schlafkajüte, hatten mir geholfen, denn ich hatte über 9 Sommer hindurch das kleine Schiff für unseren Urlaub in Travemünde ausgerüstet. Ich hatte damals einfach keine Lust gehabt, für jedes Pfund Zucker extra mit der Fähre über die Untertrave nach Travemünde hinüberzufahren. Schon damals hätten wir mit der sehr vollständigen Ausrüstung auf einen grösseren Törn gehen können. Ernst und die Kinder haben mich manchmal darüber angemacht und mich für nahe am Schwachsinn eingestuft.

Der Fünen-Törn hatte bewiesen, dass ich durch die Zeit mit dem kleinen Boot so viel Erfahrung gesammelt hatte, dass mir die umfangreichere Ausrüstung für eine längere Reise keine Schwierigkeiten bereitete.

Zwei oder drei Wochen vor der Zeit fing Jörg an, mich um Rat über die Verpflegung zu fragen. Wir haben gemeinsam besprochen, wie man unter den gegebenen, doch ziemlich schwierigen Umständen über längere Zeit sowohl geschmackvoll als auch ohne Mangelerscheinungen kochen kann. Vieles hatte Jörg mir in den Jahren mit dem kleinen Schiff abgeguckt und ich konnte ihm jetzt nicht mehr viel vormachen.

Gleich zu Anfang der neunziger Jahre waren Lebensmittel in Dänemark und besonders in Schweden sehr viel teurer als in der Bundesrepublik. Jörg wollte daher nach Möglichkeit für geschätzte sechs Wochen allen Proviant mitnehmen. "Wieviele seid Ihr denn?" „Zwei oder drei!". Mehr zu fragen fiel mir in diesem Augenblick nicht ein. Ab und zu wollte er Frischgemüse und Obst hinzukaufen. Fleisch sollte nur aus der mit-genommenen Konserve stammen, hauptsächlich Blechochsen. Schweinefleisch in Dosen als Schmalzfleisch war gut als Aufschnitt. „Wieviel Bier willst du mitnehmen?" „Wenig!" „Schnaps?" „Nur Rum!" „Soll ich dir Geld vorschießen, damit du vernünftig ausrüsten kannst?" „Nee!".

Am Ende wurde die Zeit so knapp, dass er allein die vielen Einkäufe nicht mehr schaffen konnte. Wir haben gemeinsam die Einkaufsliste aufgestellt, haben gefeilscht und gestritten. „Das ist doch Quatsch! So viel kann doch kein Mensch essen!" „Denk daran, dass Ihr auf See viel Appetit haben werdet!" „Das ist doch purer Luxus, das kann ich mir nicht leisten!" „Ihr kommt auf den Hund, wenn du so wenig einkaufst! Oder wollt Ihr eine Fastenkur machen? Du hast sowieso kaum Fleisch auf den Rippen!" „Soll ich dir zeigen, wieviel?"

Ich habe natürlich nicht in einem sündhaft teuren Delikatessenladen eingekauft, sondern vor allem bei ALDI. Es war so viel, dass ich meinen alten OPEL zum Einkauf nehmen musste. Dabei ergab es sich wie von allein, dass ich ihm nun doch mit einem soliden Kredit zu einer Ausrüstung verhelfen konnte, die mich beruhigte. Es war eine stillschweigende Vereinbarung : Ich kaufte ein, und Jörg fragte nicht, wieviel es gekostet hatte.

Weil er bisher kein Wort darüber verloren hatte, wer mit ihm segelt, fragte ich ihn endlich und tat ganz arglos : „Wer fährt denn überhaupt mit dir ?" Er schrak zusammen , fing sich schnell wieder und sah mich an. Gesagt hat er gar nichts, nur wieder dieser viel- und nichtssagende Blick, mit dem mich Ernst schon verunsichert hatte. Ich witterte etwas, hatte tausend Einfälle und konnte mir trotzdem nicht vorstellen, was da vor sich ging.

Die folgenden Tage beobachtete ich ihn aufmerksamer als zuvor. Das muss er gemerkt haben, denn es machte ihm nun offenbar Spaß, mich im Ungewissen zu lassen. Wieviel Spaghetti, wieviel Reis, wieviele Dosen Rindfleisch - darüber konnte ich mit ihm reden und auch diskutieren. Alles andere war tabu. Es war ihm anzumerken, dass schon mein fragendes Gesicht ihm spöttisches Unbehagen bereitete. Er lachte mich regelrecht aus.

Weil ich dieses Spiel bald durchschaute - ich habe mich über meine eigene Ungeduld geärgert- habe ich dann aufgegeben, weiter zu fragen. Das hat ihm dann wieder nicht behagt, und er berichtete wieder ausführlicher, aber immer noch nicht das, was ich eigentlich wissen wollte. Wir sind also richtig umeinander herum geschlichen und haben uns im Grunde ganz vergnüglich belauert.

geschlichen und haben uns im Grunde ganz vergnüglich belauert.

Dann schlug doch eines Tages die Stunde der Wahrheit: Ich hatte darauf gebaut, dass ich Jörg mit seiner gesamten Ausrüstung nach Schweden bringen und dann wieder zurückfahren würde. Zum einen hatte Jörg mich schon im Frühjahr im Voraus darum gebeten und zum anderen wusste ich niemanden, der so viel Zeit hätte, dass er ein ganzes Wochenende oder mehr hergeben konnte. „Frank bringt uns nach Schweden !", erklärte er mir nun ohne Einleitung. Ich war schockiert. Ich hatte mich so sehr auf Schweden und auf Ulla gefreut. „Warum nicht ich ?", sagte ich nur und spürte, dass meine Stimme belegt war. Er druckste herum. Das klassische Bild eines Menschen, der etwas für ihn Peinliches eröffnen muss. „Da fährt noch jemand mit !" „Das hast du mir schon gesagt!" Nun drehte ich den Spieß um, schaltete auf stur, um ihn aus der Reserve zu locken. Mit einemmal erzählte er ganz freimütig, dass nur eine einzige Bekannte (so nannte er das Mädchen) mitsegeln würde. Er nannte den Namen, sagen wir mal, Lisa. Das Mädchen - oder die Frau, wie man es nehmen kann - hätte aber noch nie gesegelt. „Mit so einem Menschen kannst du doch nicht einen solchen Törn segeln !", stieß ich empört und voller Sorge heraus. „Eben darum !", er machte wieder eine lange Pause. „Was nun wohl wieder kommt," fragte ich mich.

Dann kam etwas, was mich schier umhaute : "Kannst du nicht ein paar Tage an Bord bleiben, bis sie fit ist ?". Im ersten Augenblick war ich überglücklich, dann stürzte ich ab: So ist der Lauf der Welt ! Lückenbüßer darfst du sein. Wenn das Mädchen seefest ist, kriegst du eine Fahrkarte nach Hause und entweder ein Danke-schön oder einen Tritt in den Hintern. Die Fahrkarte wirst du selbst bezahlen müssen ! Jörg sah mir so treu in die Augen, dass ich meine tiefdunklen Gedanken einfach nicht weiter verfolgen konnte. Ich habe ihn einfach abgeknutscht.

Die Reisezeit hatte schon angefangen, man musste rechtzeitig buchen, wenn man zur gewünschten Zeit einen Platz auf der Fähre haben wollte. Nach Malmö kam für uns wieder nur die Nordö-Linie mit den bekannten Schiffen in Frage, auf denen wir zum Kauf der „Samba" gefahren waren. Wir wollten dieses Mal am Tage fahren, um den Kabinenpreis zu sparen und vor allem, um nicht in Gefahr zu geraten, mit einem total Fremden die Kabine teilen zu müssen. Das Schiff würde bestimmt ausgebucht sein. Frank wollte an Bord der „Samba"schlafen und am nächsten Morgen mit der Tagestour zurück nach Travemünde fahren. Von Lisa war nicht die Rede. In der Aufregung habe ich ver-gessen, nach ihr zu fragen.

Meine eigenen Reisevorbereitungen waren kein Prob-lem. Wohl aber, wie ich die Vertretung als Hausmeister organisieren sollte. Uwe bot sich an, für die paar Tage Haus und Hof zu betreuen. Zu tun war nichts, denn ich hatte noch den Rasen gemäht und auch sonst alles in die Reihe gebracht. Mir kam mit einemmal der Gedanke: "Wie wird es, wenn die Reise doch länger dauert ?". Dieser Gedanke hat mich so erschreckt, dass ich keinen Mut hatte, ihn weiter zu verfolgen. Ich konnte doch nicht mitten in der Zeit, in der der Garten viel Arbeit macht, einfach wegfahren. Und wenn mit den Hand-werkern zu verhandeln war ? Wenn wieder ein Rohr-bruch meine ganze Erfahrung gebrauchte, um mit den empörten Mietern fertig zu werden ? „Was meinst du, wenn..." habe ich Jörg darauf angesprochen. „Du nimmst dich zu wichtig !", meinte er mich zu trösten. Ein schöner Trost. Fast eine Beleidigung. „Bestimmt. Die werden auch ohne

31

dich fertig !". Ich schluckte. „Du bist ja auch mit allem fertig geworden !" „Ja," habe ich gesagt und musste nochmals schlucken. Es stimmte ja.

Die Aussicht, länger als nur ein paar Tage mitsegeln zu müssen,hat mich sehr beschäftigt. Dass ich Jörgs Liebesleben stören könnte, kam mir wohl in den Sinn, aber Jörg selbst wollte ja, dass ich mitfahre. Ich nahm mir fest vor, mich soweit wie möglich im Hintergrund zu halten. Hoffentlich war es endlich eine Frau, die zu ihm passte. „Willst du dir wirklich einen Kuppelpelz verdienen ?" habe ich mich gefragt. Manchmal müsste man eben dem Schicksal ein wenig nachhelfen, sagte ich mir und wischte meine Bedenken beiseite. „Das Glück korri-gieren," sagte Ernst häufiger, und das sei erst ganz rich-tig auf Französisch. Er selbst hat es nie getan.

Jörg war mit dem Abschluss seiner Ausbildung zum Groß- und Außenhandelskaufmann beschäftigt, ich hatte meine Arbeiten so organisiert, wie ich es gewohnt war, als ich mitgearbeitet habe. Wäsche, die Wohnung putzen, einkaufen, bügeln, die Besuche bei Karin mit dem Enkelsohn Björn, ihre Besuche bei mir, die mir immer mehr Freude bereiteten, je mehr der Junge heran-wuchs und natürlich die Hausmeisterei. „Warum machst du das, wenn du dich so häufig ärgerst ?" haben mich die Kinder von Zeit zu Zeit gefragt, wenn einmal wieder der Teufel los war, schwierige Mieter Probleme bereiteten, Handwerker geschlampt hatten, der Hauswirt sich unverständig zeigte. Ich habe ihnen mehrere Male erzählt, dass nach dem Bau des hinten gelegenen Gebäudes das ganze Grundstück eine Schlamm- und Schlackenwüste gewesen ist. Hier spielten mehr als 30 kleine Kinder, immer wieder gefährdet durch unsere Autobesitzer, die das ganze Areal für sich reklamierten. Ich habe damals die Mütter zusammengetrommelt, und widerspenstigen Autobesitzer vom Grundstück vertrieben. Ich war damals die bestgehasste Person in bei den Häusern.

Aber die Eltern der kleinen Kinder hielten zu mir und machten mir immer wieder Mut, weiterzumachen. Dabei musste ich mir von Zeit zu Zeit die Genehmigung des Hauswirts für irgend etwas einholen und wurde dadurch Kontaktperson zwischen den Mietern und dem Hauswirt. Ich muss es wohl richtig gemacht haben, denn ich erwarb dabei sowohl das Vertrauen der meisten Mieter als auch das des Hauswirts.

Nach dem Tod des Hauswirts zog die Witwe aufs Land und überließ mir nun auch die meisten Aufgaben, die sie bislang wahrgenommen hatte. Sie war eine recht unbequeme Person. „Und warum hast du trotzdem weitergemacht?" „Allmählich hat es mir Spaß gemacht!" „?" „Wenn ihr etwas tut, was Ihr gut könnt und wofür Ihr anerkannt werdet, würdet Ihr dann einfach aufhören?". Das haben sie eingesehen und trotzdem manchmal gemeinsam mit ihrem Vater geknurrt. Das meiste haben sie gar nicht mitbekommen, weil sie in der Schule waren, Ernst im Amt.

Mit den Handwerkern konnte ich immer gut umgehen. Ihr unkompliziertes Wesen erinnerte mich ständig an die Seefahrt, in der es ganz ähnlich zugeht. Sie haben häufig bei mir in der Küche ihre Butterbrote verzehrt, meinen Kaffee getrunken und von meinem Kuchen genascht. Dabei haben wir über Gott und die Welt geredet, die aus Mietern, Hauswirten und den Arbeit-gebern bestand. Einige der Handwerker hatten gleichfalls ein Boot. „Seeleute sind es trotzdem nicht!" , musste ich immer wieder feststellen, wenn wir uns darüber gestritten hatten, was gute Seemannschaft ist. Ernst als gestandenem Seemann hätten bei unseren Gesprächen manchmal die Haare zu Berge gestanden.

Ab und zu dachte ich an die rätselhafte Lisa. Jörg mochte ich nicht mehr ansprechen, seit er mir einen ziemlich herben Korb gegeben hatte. Uwe konnte ich nicht fragen, ich sah ihn zu selten. Karin wusste von dieser Frau auch nichts. „Jörg kann genau so zugeknöpft wie sein Vater sein. Der hat mich manchmal mit seiner Sturheit so fertiggemacht, dass ich ihm am liebsten eine gescheuert hätte!" „Ich denke, du hast deinen Vater geliebt!" „Eben deshalb!"

Auf die paar Tage an Bord der „Samba" freute ich mich riesig. Trotzdem war mir die Geschichte immer noch nicht ganz geheuer. Alles wäre einfacher gewesen, wenn der Bengel klipp und klar gesagt was er vorhat. Auf mein Gefühl wollte ich mich dieses Mal nicht verlassen, obgleich ich damit sonst keine Schwierigkeiten habe. Wie mit einem drahtlosen Telefon hat mich häufig eine innere Stimme vor etwas gewarnt und ließ mich auch wisssen, dass es einem von uns nicht gut ging. Bei Ernst hat es nicht ausreichend funktioniert. Sonst hätte ich mich anders verhalten und unserem Leben womöglich eine andere Richtung geben können. Darüber habe ich noch heute schlaflose Nächte.

Die schwierigsten Prüfungsklausuren hatte Jörg inzwischen hinter sich gebracht und war sicher, dass sie gelungen waren. Er wurde wieder mitteilsamer. Es war nun auch nötig, denn ich hatte bei dem Versteckspielen der letzten Wochen doch Sorge, dass wir Wichtiges übersehen könnten. Eigentlich war auch diese Furcht unbegründet, denn im letzten Jahr hatte Jörg bewiesen, dass er ein genau so guter Seemann geworden war wie sein Vater. In der Vorbereitung und auf See.

Jörg hatte genau wie ich eine Checkliste angelegt und säuberlich eine Position nach der anderen abgehakt. „Du schläfst vorne, und ich in der Kajüte !", entschied er. „Und wo bleibt deine Lisa ?" Er höhnte : "MEINE Lisa !". Das war ich nicht von ihm gewohnt. Wenn er eine Freundin hatte, dann hat er auch zu ihr gestanden. Was mochte es für ein Vogel sein, der ihn als Segler alle Vorsicht vergessen ließ und ihn mit einer total Unerfahrenen im gefährlichen Kattegat umhertrieb ? Er wurde unwirsch, wenn ich ihn darauf ansprach. Für mich ein Zeichen, dass er genau wusste, was er vorhatte und dass ihm bewusst war, wie unseemännisch dieses Vorhaben war. Ich habe lange und erfolglos überlegt, wie ich ihm diesen gefährlichen Blödsinn ausreden könnte.

Als Ende und dramatischen Höhepunkt der Vorbereitungen habe ich das Verstauen der Ausrüstung in Franks Kombi in Erinnerung. Die Bilder von damals verursachen noch heute bei mir gelegentlich Alpträume. Jörg schleppte die Sachen aus der Wohnung und aus dem Keller nach draußen, und Frank und ich stauten. Frank merkte schnell, dass ich im Stauen Erfahrung hatte und überließ mir die Feinarbeit. Als der Wagen bis unters Dach voll war, sagte Jörg: "Das war die Hälfte !" Richtig. Fast der gesamte Proviant fehlte noch, vor allem die Getränkedosen.

Viele Stücke musste ich wieder herausnehmen, um sie günstiger hineinzupacken. Das kleinste Loch musste mit Kleinkram gefüllt werden. Jörg hatte die Lebensmittel in großen Kartons angebracht. Stück für Stück nahm ich sie; jede kleine Tüte, jede Packung Nudeln wurde einzeln in einen winzigen Hohlraum gepresst . Auf einer Riesenmenge Getränkedosen blieb ich sitzen. Es war hoffnungslos. Jörg kam, sah sich das Ganze an und

Riesenmenge Getränkedosen blieb ich sitzen. Es war hoffnungslos. Jörg kam, sah sich das Ganze an und packte ungerührt den Fußraum vor den Sitzen mit den Dosen voll.

4. Kapitel

„SAMBA"

Von unserer Fahrt zum Fährterminal in Travemünde ist mir nur in Erinnerung geblieben, dass ich in kurzen Abständen einen Wadenkrampf bekam, weil ich auf der Dosenladung mit unnatürlich angewinkelten Beinen saß. Und dass es nach kurzer Zeit fürchterlich zu stinken anfing. An der nächsten Raststätte hielten wir an und haben die Ursache gefunden : Ich war in Hundekot getreten und hatte die ganze Ladung über die Getränkedosen verteilt. Wir fürchteten schon, die ganze Ladung sei ungenießbar geworden. Es ging aber glimpflich ab. Ein paar Segelhandschuhe hatte ich opfern müssen.

Das Auslaufen aus Travemünde war für mich zunächst nur die Promenade an einer bekannten und vertrauten Küstenlinie entlang. Die „Passat" und der dahinter liegende Hafen für die Segel- und Motorboote brachen dann aber etwas in mir auf, die Erinnerung an viele glückliche, wenn auch anstrengende Sommer mit Ernst auf dem kleinen Schiff . Wie der ganze Clan sich in der hintersten Ecke des Passathafens versammelt hatte, wie ich auf dem nur 5 m langen Schiff wochenlang für 6 hungrige Seelen gekocht habe, wie die Jungs, beide mit eigenem Schiff, unvernünftig hinausgesegelt waren, ihren Vater zur Weißglut gebracht und mich vor Angst krank gemacht hatten.

Für Minuten war mir, als wäre ich auf eigenem Kiel unterwegs, am Brodtener Ufer zu Anker gegangen, immer in sorgsamer Entfernung von den scheußlichen gelben Tonnen, die die Grenze zur DDR markierten.

Während der langen Fahrt mit der „Malmö Link" am hellichten Tage haben wir drei uns nur wenig unterhalten. Jörg tauschte mit Frank Erinnerungen an ihre gemeinsame Lehrzeit aus, lachten, wurden böse und lachten wieder. Ich habe nie vergessen, wie schwer diese Zeit damals für Jörg gewesen ist.

„Kannst du dich noch an die Zeit mit Vater und mit euren Schiffen erinnern?". Er nickte, ging aber nicht weiter auf mich ein und wandte sich wieder Frank zu.

Meine Gedanken konnte ich nicht recht ordnen. Die offene See, die wir inzwischen erreicht hatten, löste in mir Erinnerungen an die Reise im letzten Jahr aus. Wie hat mich damals die See getröstet. Wie hat mir mein Junge beigestanden. „Jörg...". Mit einem kurzen Augenaufschlag, den ich als kalt empfunden habe, ließ er mich abblitzen, ohne sein Gespräch mit Frank zu unterbrechen. Es machte mich traurig. Woher sollte er wissen, wie mir gerade in diesem Augenblick zumute war?

Die See war ziemlich ruhig. Ein paar kleine Wellen, eine schwache Windsee machten auf sich aufmerksam. Einige Male meinte ich, einen Tümmler gesehen zu haben. Ein paar Passagiere warfen Brocken aus Brot und anderem Nahrhaftem in die Luft und hatten damit ein ganzes Möwengeschwader angelockt. An Land war es sehr warm gewesen. Hier an Bord war es angenehm kühl und ich zog bald eine Jacke über. Über den ganzen Westhorizont breitete sich ein Gebirge aus Wolkenbergen auf. Aus einem der Berge stieg ein Gewitterturm auf. Das ganze Wolkenungetüm behielt seinen Abstand zu uns. Der Gewitterturm blieb friedlich. Auf diesem großen Schiff hätte ein Gewitter mir keine Angst eingeflößt.

Ich überlegte noch einmal, wie ich die Ausrüstung auf der „Samba" verstauen wollte. Wir waren uns darüber im Grund schon zu Haus einig geworden. Das Folkeboot gehörte zur gleichen Größenklassse wie die Neptun 25, die zu Hause darauf wartete, verkauft zu werden, war aber deutlich schmäler. Es war das Schiff, das ich mir zusammen mit Ernst gekauft hatte, um als Rentner noch einmal auf Törn gehen zu können. Die Sachen sollten nach dem gleichen, bewährten System wie auf den bisherigen Booten verstaut werden. Von Lisa war überhaupt nicht die Rede. Jörg stand an der Reling und sah übers Wasser hin, wenn er sich nicht gerade mit Frank unterhielt. Zwischen uns beiden war eine Barriere. Mir erschien es nicht wichtig genug, Jörg darüber anzusprechen.

An die vierwöchige Reise des vergangenen Jahres hatte ich zwiespältige Erinnerungen. Einerseits fiel es mir schwer, die Reise als erlebte Wirklichkeit aufzuarbeiten, andererseits sind Eindrücke hängengeblieben, deren Intensität ich hinterher nie wieder erlebt habe. Wie würde jetzt das Leben an Bord aussehen, wenn eine mir fremde Person mitsegelte ? Dass es eine Frau sein würde, hat mich einigermaßen beruhigt, denn mit einem männlichen Mitsegler wäre vieles problematischer als mit einer Frau gewesen. Ich dachte an die Körperpflege und an das Umkleiden.

Auf dem Weg zur „Samba" waren wir zu Anfang ganz sicher, dass wir zu Ullas Haus finden würden. Es hätte nur eine halbe Stunde dauern dürfen. Nach einer ganzen Stunde Irrfahrt durch völlig unbekannte Gebiete suchten wir eine Telefonzelle und ließen uns von Ullas Sohn abholen. Er kam mit einem kleinen Elektro-Auto. Das gleiche wie im Frühjahr. Damals war uns gar nicht aufgefallen, dass es ein so winziges Wägelchen war und auch nicht, dass es elektrisch angetrieben wurde. Christof lachte uns an und aus. Er hätte gleich gewusst, dass wir nicht wieder zu ihnen hin finden würden.

Jörg dauerte die ganze Begrüßung zu lange. Ein Fremder hätte seine Ungeduld gar nicht wahrnehmen können. Ich wusste genau, was seine ganze Körperhaltung, die Bewegung seiner Hände mir sagen wollte. Seine Ungeduld konnte ich verstehen. Ich hätte auch nicht warten mögen, bis ich ein solches Schiff endlich übernehmen kann. Etwas anderes hat mich damals irritiert: Dass es ihm offenbar nicht recht war, dass sich zwischen Ulla und mir ein so herzliches Verhältnis anbahnte. Ich habe bis heute nicht verstanden, weshalb er sich so sehr gegen diese Freundschaft stellte.

Ulla trieb die Spannung auf die Spitze. Bevor wir nicht miteinander zu Mittag gegessen hätten, würde sie die jungen Männer nicht zum Schiff lassen. Ein bisschen machte es ihr Spaß, Christof und vor allem Jörg auf die Folter zu spannen. Dabei blinzelte sie mich verschwörerisch an. Sie konnte nicht wisssen, welchen Überdruck sie in Jörgs Innern damit erzeugen würde. Ich konnte mich nicht verständlich machen. Meine Bemühungen, mit der Qual ein Ende zu machen, übersah sie lachend. Jörg war kein Prolet, er hatte von uns gelernt, dass man bei Tisch bestimmte Umgangsformen einhalten muss. Auch bei den täglichen Mahlzeiten zu Haus hielten wir uns im Großen und Ganzen daran. Man konnte an seinem mahlenden Kiefer erkennen, dass er in diesem Augenblick doch lieber Prolet gewesen wäre, wenn er dadurch schneller zu seiner „Samba" gekommen wäre.

Christof spürte offensichtlich Jörgs Verstimmung und zog ihn mitten in der Unterhaltung vom Tisch weg. Ulla bedeutete mir, zu bleiben. Sie zog mit mir durchs Haus und zeigte mir eine Unmenge von Fotographien an den Wänden und auf den Schränken. Auch ihr Mann war zur See gefahren. Also hatte sie genau wie ich ihr Leben allein meistern müssen. Ich wusste von Ernst, dass die skandinavischen Reeder mehr noch als deutsche Reeder ihre Schiffe in der wilden Fahrt beschäftigten, also ohne feste Linien , nur nach Angebot und Nachfrage. Dann kamen die Schiffe nur zum Klassen, ihrem TÜV , alle Jahre oder noch seltener nach Schweden. Und ausgerechnet ich, eine Deutsche, hatte das unwahrscheinliche Glück, dass eine schwedische Reederei in Deutschland mich mit Ernsts traumhafter Linienfahrt im Mittelmeer beschenkte. Und der Reise im Sommer 1969 mit der ganzen Familie auf der „Astrid". Ulla hatte also wahrscheinlich noch viel härter als ich bestehen müssen. Bei diesen Gedanken musste ich heulen. Die Erinnerungen, die Ulla vor mir ausgebreitet hatte, rührten sie gleichfalls. Sie hing sich weinend, zitternd an mich. Ich fühlte mich als die Stärkere und streichelte sie, bis sie wieder zur Ruhe kam.

Christof erlöste uns und holte mich ab. Er war in der Zwischenzeit mit Jörg zum Zoll gefahren, damit die Ausfuhr des Bootes ordnungsgemäß deklariert und Boot und Besatzung bei der Grenzpolizei abgemeldet werden konnten. Ausklarieren sagt man in der Schiffahrt dazu.

Jörg arbeitete noch an Deck und hatte mit dem Trimmen des Riggs zu tun, den Drähten, die den Mast halten. Ich inspizierte die Kajüte und entschied, wie ich stauen wollte. Frank sollte erst einmal den überladenen Kombi entladen und ich würde aus dem Haufen Zeugs die Sachen nach meiner Vorstellung aufs Schiff nehmen. Mir kam Malmö in den Sinn, wie wir vom schwedischen Zöllner freundlich angehalten wurden und ihm genau so freundlich erklärten, dass wir in Schweden Urlaub machen wollten. Er verstand gut Deutsch und antwortete in gutem Englisch. Wenn er verlangt hätte, dass wir den ganzen Wagen leerpacken, hätten wir uns fügen müssen. Bei diesem Gedanken wurde mir jetzt noch heiß und kalt. Er fragte nur nach Snaps und Cigarettes und war mit unserer Antwort zufrieden, dass wir keine Cigarettes und nur wenig Snaps hätten.

Ich hatte in aller Ruhe die Ausrüstung verstauen können. Von Jörgs seemännischer Ausrüstung blieb nur das wenigste in der Kajüte, vor allem was zur Navigation gehört, die Seekarten und viel Kleinkram. Das übrige ging in die Backskisten achtern, die von der Plicht, dem Cockpit, zugänglich waren. Je länger ich mit dem Verstauen beschäftigt war, um so mehr spürte ich mein Kreuz vom verkrampften Bücken. Mit der hochstehenden Sonne kam auch Hitze ins Schiff. Es war kaum auszuhalten. Im Bikini ging es gerade noch, obwohl ich auch darin fürchterlich geschwitzt habe. Die Gardinen waren seit längerem nicht gewaschen und verbreiteten noch einen leichten Tabakgeruch. Die würde ich schon die nächsten Tage herkriegen und die Polster würde ich mit Essigwasser abreiben. Der typische leichte Geruch nach Dieselöl, der auf Schiffen dieser Bauart unvermeidlich ist, störte mich nur wenig. Man nimmt ihn nach wenigen Tagen nicht mehr wahr.

Gegen Abend kam Ulla noch einmal mit ihrem Elektro-Auto und verabschiedete sich von uns. Ich habe es als traurigen Abschied in Erinnerung behalten. Es sollte kein Abschied auf ewig sein, wir schworen uns, die Verbindung zu pflegen. Dass es dazu nicht gekommen ist, betrübt mich bis auf den heutigen Tag.

Die Tage, an denen diese Reise beginnen sollte, waren die längsten des Jahres. In dem kleinen Hafen blieb es ruhig.

Aber überall drum herum war Leben, die ganze Nacht hindurch. In der Mittsommerzeit suchen die Menschen im Norden die Entschädigung für den langen, dunklen Winter und quellen über vor lauter Lebenslust. Ich fühlte mich angesteckt von diesem Bazillus, wurde unruhig und wäre unter anderen Umständen vielleicht sogar leichtsinnig geworden. „Wollen wir nicht tanzen gehen ?". Mir war klar , dass dieses nur eine Provokation war, aber sie entsprach meiner Stimmung. Die beiden Männer sahen mich an, als sei ich nicht recht bei Troste. Als ich in der engen Plicht dann auch noch aufstand und ein paar Tanzschritte andeutete, war es Jörg zuviel. Er sah mich böse an und zischte mir etwas zu, was ich zwar nicht verstand, dessen Bedeutung aber sicher auch Frank begriff. Ich sah ein, dass mein Übermut hier nicht angebracht war und wurde wieder Mutter und Respektsperson. Leicht ist es mir nicht gefallen. Ich kannte diese Szenen. Ernst mochte es auch nicht, wenn ich aufdrehte.

Den Rest des Abends, eigentlich die ganze helle Nacht hindurch, saßen wir in der Plicht, erzählten von alten Zeiten , schwiegen vor uns hin, wenn uns für kurze Zeit die Müdigkeit packte, wurden wieder munter und gingen in die Koje, als sich das Nachtgrau in das Rosa der aufgehenden Sonne verwandelte. Richtig geschlafen habe ich nicht. War es die besondere Stimmung der Mittsommerzeit, die mich so unruhig, nervös machte?, die Aufregung über den bevorstehenden Törn oder hatte mich die Begegnung mit Ulla so gepackt ? Ich glaube, dass es vor allem die Gespräche mit Ulla waren, die so viel längst Verschüttetes, Verdrängtes hervorgeholt hatten und mir nun zusetzten. Was hätte ich anders tun müssen ? Wo war ich zu feige gewesen ? Zum Schluss habe ich gebetet: "Lieber Gott, lass mich endlich schlafen !". Es war das letzte, woran ich mich erinnern kann, bevor ich endlich einschlief.

Ich war sehr früh wach geworden. Die beiden Männer schliefen noch ganz tief und fest. Frank hatte noch Zeit genug bis zur Abfahrt der Fähre. So leise wie es ging, bereitete ich das Frühstück vor. Der Duft des Kaffees muss dann die beiden geweckt haben. Sie waren noch unausgeschlafen, unrasiert und haben sich nur wie die Katzen gewaschen. In der Nacht hatte ich mich nicht mehr waschen oder duschen können. Ich mochte mich selbst nicht mehr riechen. Gottseidank hatte ich abends noch das Häuschen mit Dusche und WC entdeckt und machte mich frisch, solange die beiden sich noch die müden Augen rieben.

„Kommst du jetzt erst vom Tanzen?" fragte mich Jörg. „Mit den Gedanken schon!" „Warst du wirklich noch zum Tanzen?" fragte mich Frank. Jörgs Miene gab ihm keine Antwort, und ich hüllte mich genau so in Schweigen. Nach den ersten Bissen platzte er heraus: "Ihr wollt mich verarschen!". Während ich aß, summte ich ein paar bekannte Tanzmelodien, wie man es tut, wenn man sich an eine schöne durchtanzte Nacht erinnert. Der arme Kerl wusste bis zum Abschied nicht, was Wahrheit und was geflunkert war. Ich wünsche, dass er dann gemerkt hat, dass ich ihm für seine Hilfe von Herzen dankbar war. Ich bin es noch heute .

Während sich Jörg noch um Segel und Motor kümmerte, wusch ich das Geschirr ab und klarte drinnen auf . „Wollen wir jetzt los?". Jörg nickte. Er startete die Maschine und nickte mir ein zweites Mal zu. Ich machte die Vorleinen los, legte sie beiseite, damit sie nicht in die Schraube kommen, und ging nach achtern. Jörg ging ganz langsam an die beiden Pfähle heran, an denen die Achterleinen belegt waren, stoppte das Schiff, damit ich in Ruhe die Leinen abnehmen und sicher beieite legen konnte. An Lisa zu denken hatte ich vergessen. Karin hat später einmal gemeint , das sei eine typisch freudsche Fehlleistung gewesen.

5. Kapitel

Der erste Tag auf See

Mit dem Ablegen löste sich fürs Erste die Spannung bei mir. Es kann bei Jörg nicht anders gewesen sein. Er musste sich ja, sogar mehr noch als ich, mit den neuen Gegebenheiten auseinandersetzen. Es war für ihn das erste eigene größere Schiff, denn der Vorläufer war kaum mehr als eine kleine Jolle mit Kajüte gewesen denn ein echtes seegehendes Segelboot. Deshalb war Ernst auch in Travemünde so ungehalten über seine Söhne mit ihren Schiffen gewesen, die nach seiner Meinung nicht auf See gehörten. Die ganze Sportschiffahrt war ihm im Grunde suspekt. Die Schiffe waren seiner Meinung nach für die offene See zu leicht gebaut. Und was gab es denn für Sicherheitsmaßnahmen, die denen in der Berufsschiffahrt vergleichbar gewesen wären?

Ab und zu warf ich einen Blick auf die zurückbleibende Küste. Zu mehr hatte ich keine Zeit, denn erst einmal musste das Schiff für den Seetörn hergerichtet werden : Als Wichtigstes mussten die noch lose an Deck herumliegenden Festmacherleinen aufgeschossen und verstaut werden. Ich hatte zu häufig bei anderen Schiffen beobachtet, wie durch Unachtsamkeit die Taue in die Schraube gerieten und das Schiff manövrierunfähig machten. Und jetzt mussten auch noch die Fender eingeholt und ebenfalls verstaut werden. Als wir mit dem Wassersport angefangen hatten und das Motorboot fuhren, hatte ich mich bei Ernst mit einer Bemerkung unbeliebt gemacht : "Warum soll ich denn die Fender einholen ? Wir fahren doch sowieso in einer Stunde wieder zurück und brauchen dann die Fender wieder !". Er erklärte mir nichts, sondern befahl mir barsch : "Hol die Fender ein !!". In einer ruhigen Stunde hat mir dann auseinandergepuhlt, dass es absolut unseemännisch sei, mit herumhängenden Fendern auf See zu gehen. „Wieso unseemännnisch ?" hatte ich damals nicht locker gelassen und einen strafenden Blick eingehandelt. Seitdem weiß ich, dass man „so etwas" nicht tut und richte mich danach.

Das meiste andere an Bord hat nach meiner Beobachtung seinen Sinn. Mit welchem Knoten man dieses und jenes sicher befestigt, und vor allem so, dass man den Knoten hinterher leicht wieder lösen kann, wo man wichtige Sachen unterbringt, um bei Gefahr und bei Seegang und Gischt sicher auf sie zugreifen zu können und die vielen anderen seemännischen Gepflogenheiten, die nur dem Außenstehenden merkwürdig erscheinen. Man muss auch lernen, sich mit der nötigen Sicherheit an Deck zu bewegen, denn die niedrige Seereling würde im Ernstfall nicht verhindern können, dass man über Bord geht.

Vieles hatte ich auf dem kleinen Segelboot, der nur 5 m langen LEISURE, einem Boot aus England, schon von Ernst gelernt. Wie es auf einem größeren Schiff und dazu noch in wirklich offenem Wasser zugehen muss, hatte ich im letzten Jahr gelernt, als ich mit Jörg rund Fünen gesegelt bin. Jörg hat nie einen Hehl daraus gemacht, dass die damalige Reise auch für ihn ein ununterbrochener Lernprozess gewesen ist . Mit den Einzelheiten von Seemannschaft und Navigation habe ich mich hinterher kaum wieder beschäftigt und habe vieles auch wieder vergessen. Anders Jörg. Er und auch sein Bruder Uwe leben das ganze Jahr hindurch in der Welt, die See und Segeln heißt. Die Vorjahreserfahrungen hat Jörg sich darum immer wieder vor Augen geführt und die nötigen Folgerungen daraus gezogen. In einer bestimmten Situation konnte Jörg nun immer spontan und ohne lange nachzudenken das Richtige tun. Ich dagegen musste überlegen, wie es im letzten Jahr und die Jahre zuvor mit der kleinen LEISURE gewesen ist . Gerade jetzt, am ersten Tag unserer Reise, hat diese Feststellung mich sehr geärgert. Bei fast jedem Handgriff, so selbstverständlich er war, musste ich noch überlegen und konnte nicht einmal beleidigt sein, wenn Jörg mich vorwurfsvoll ansah, weil es einfach nicht schnell genug ging.

„Übernimmst du mal !"bat Jörg mich nach einer kurzen Weile und wollte mich von meiner Arbeit in der Kajüte wegholen. Ich sollte an die Pinne gehen und das Schiff steuern. „Das paßt mir jetzt gar nicht !" „Bitte, komm rauf !" „Ich bin hier noch am Umstauen !" „Du hast mir doch gestern gesagt, dass du fertig bist !". Es passte mir wirklich nicht, denn ich hatte zwei Backskisten vollständig ausgeräumt, um den Inhalt miteinander auszutauschen. Nun lag das ganze Zeug auf dem Boden in der Kajüte. „Du musst noch eine halbe Stunde warten !". Jörgs Stimme wurde lauter, energischer, keinen Widerspruch duldend : „Lass das Zeug liegen und komm jetzt rauf !". Ich wollte störrisch bleiben. Dann fiel mir ein, dass Jörg im Augenblick nicht mein Sohn, sondern gewissermaßen mein Vorgesetzter war, mein Kapitän. Schon als ganz junge Frau hatte ich bei meinen Reisen mit Ernst gelernt, dass solche Diskussionen zum Schlimmsten gehören, was man sich an Bord leisten kann.

Jörg zeigte mir einen Turm, auf den ich zuhalten sollte. „Den Kompass brauchst du hier nicht !" . Ein Segelboot zu steuern war für mich eine gewohnte Aufgabe. Die neun Jahre mit dem kleinen Schiff und im vergangenen Jahr mit dem größeren hatte ich häufig an der Pinne gesessen, und es hat mir immer viel Spaß bereitet. Die „Samba" hat es mir zunächst nicht leicht gemacht. Ich

musste so viel Kraft aufwenden, wie ich es auf keinem
der Schiffe bisher erlebt hatte. „Das schaffe ich nicht.
Komm mal wieder hoch !". Jörg kam, nahm mir ziemlich
unwirsch die Pinne aus der Hand und wurde gleich
wieder friedlich. Er dachte nach und gab mir nach einer
Weile die Pinne zurück. „Ich trimm das Groß mal anders !", das Großsegel. Das hat er getan, und es wurde
besser. So gut, dass ich ihm sagen konnte: "Damit
schaffe ich es !". Das Schiff war nun so gutmütig
geworden, dass ich für Minuten vergaß, die Pinne zu
bewegen. Erst wenn „mein" Turm auswanderte und ich
anfing, ihn wieder zu suchen, wurde ich an meine
Nachlässigkeit erinnert.

Unten in der Kajüte polterte es. Jörg drehte sich nach
vorn, nach hinten, suchte oben und unten, redete mit sich
selbst, kratzte sich am Schädel und suchte verzweifelt
weiter . „Was suchst du denn ?" „Das Fernglas !" „Es
liegt hier auf dem Kajütdach !" „Und mein Wecker !"
„Den hast du bei den Süßigkeiten hingelegt !" „Das
mache ich nie !" „Sag niemals nie" zitierte ich einen
Spruch, der in unserem Segelclub zu einem Ohrwurm
geworden war, seitdem ein Clubkamerad ein kleineres
Boot gekauft hatte, das er „unter keinen Umständen
jemals" kaufen wollte. Jörg hat den Wecker gefunden.
„War er nun bei der Schokolade ?". Er gab mir keine
Antwort. Also wird er doch bei Mars, Snikkers und Co
gelegen haben.

Jörg kam wieder nach oben, als ich wieder einmal
gedöst hatte und vom Kurs abgekommen war. Mir war
es peinlich, und ich ließ das Schiff wieder auf den Turm
zuhalten. Jörg sah mich an. Eigentlich ganz freundlich.
Ich empfand es trotzdem als strafend. Das mag meine
Einbildung gewesen sein, mein schlechtes Gewissen,
denn ich wusste ganz genau, dass Jörg in solchen

Situation eher belustigt reagieren würde, höchstens einmal spöttisch. Das hatte ich aber seit dem vergangenen Jahr kein einziges Mal erlebt.

Jörg setzte das Fernglas an die Augen und suchte die seeländische Küste ab, die Küste der Insel, die der Sage nach in grauer Vorzeit von der Göttin Gefion mit Hilfe ihrer vier Söhne aus Schweden herausgepflügt worden war, nachdem sie die Söhne in Stiere verwandelt hatte. Ihr Denkmal steht in Kopenhagen. Etwas Auffälliges fand er nicht. Danach wird er auch gar nicht gesucht haben, denn wir haben uns auf jeder Reise auf diese Weise mit den Küsten der vorüberziehenden Landschaften vertraut gemacht.

Jörg gab mir das Fernglas in die Hand und nahm wortlos die Pinne. Ich stellte das Glas scharf ein und fing an, die seeländische Küste abzusuchen. Noch hatte ich mich nicht ganz an die leichten Bewegungen des Schiffes gewöhnt. Das Bild der Küste zitterte, Objekte, die mich interessierten, konnte ich nicht festhalten. Ich war wütend mit mir. Jörg sprach mich an. Ich weiß nicht mehr, worum es ging, wohl aber, dass es mir Mühe bereitete, den Mund zu halten und nicht etwas Blödes zu sagen.

Schließlich fand ich etwas, worüber man hätte streiten können : Die Geheimniskrämerei um Lisa ! In diesem Augenblick begann das Schiff sich ungewöhnlich sanft in der Dünung zu wiegen. Eine solche Harmonie, eine solche Weichheit lag in dieser Bewegung, dass meine Aggressivität weg war, einfach weg ! Ich habe mich an diesen Vorfall erst viel später wieder erinnert. Dass ich mich überhaupt daran erinnern konnte, an einen im Grunde unwichtigen Vorgang, zeigte mir, wie tief die

Eindrücke sind, die von der See in ihrer Schönheit ausgehen.

Mir kam der Gedanke, wie Uwe, Jörgs Zwillingsbruder, wohl reagiert hätte, wenn ich bei ihm an Bord so nachlässig gesteuert hätte wie eben. Mit Spott bestimmt nicht, denn der liegt ihm überhaupt nicht. Vielleicht wäre er hochgegangen und hätte mit mir geschimpft, ich solle gefälligst besser aufpassen. Aber genau so schnell wie er in die Luft geht, kommt er wieder auf die Erde zurück. Wahrscheinlich hätte er gar nichts gesagt und vor sich hin gemuffelt. Für ihn bin ich , mehr noch als für seine beiden Geschwister, nach wie vor „Mutter" und Respektsperson. Er zeigt es mir sehr deutlich.

Der anfänglich frische Segelwind wurde immer schwächer, das Schiff kam kaum noch voran. Jörg war ständig beschäftigt, die Segel neu einzustellen, um doch noch ein wenig Fahrt mehr herauszuholen. Ich blieb an der Pinne und hatte mit dem immer langsamer werdenden Schiff keine Mühe. Jörg kam zu mir und sah aufmerksam auf die Segel. Eine ganze Weile verharrte er so. „Willst du den Spi setzen ?" fragte ich ihn, weil ich seine Gedanken unschwer erraten konnte. Der Spi, richtig das Spinnaker-Segel, ist das riesengroße, meistens bunte Vorsegel, das dem Schiff bei schwachem Wind Beine macht. „Ich glaube nicht, dass er bei diesem Wind steht !". Er setzte sich zu mir und schien sich mit diesem Urteil abzufinden.

Wir konnten so dicht unter Land segeln, dass wir viele Einzelheiten dort erkennen konnten, die weiche, leicht hügelige Landschaft, stellenweise das Steilufer mit den großen Steinen am Ufer, die uns warnten. Wo große Steine am Ufer liegen, sind auch viele von ihnen im Wasser. Jörg drückte leicht auf die Pinne, die ich immer noch führte. Er signalisierte, dass ich ein Stück weiter von der Küste weg gehen sollte. Gesagt hat er gar nichts. Ich wusste, worum es ging. Weiter draußen habe ich wieder „meinen" Turm ins Visier genommen. Die Segel fielen in sich zusammen, das Schiff stand auf der Stelle und dümpelte wie ein unbeholfenes Stehaufmännchen hin und her. Der Baum, an dem das Großsegel angeschlagen ist, tobte wild von einer Seite auf die andere und brachte jeden in Gefahr, der nicht rechtzeitig den Kopf einzog.

Jörg startete die Maschine und übernahm das Ruder. Genau so wortlos wie er kroch ich aufs Vorschiff, nahm die beiden Segel weg, legte sie zusammen und befestigte sie mit kleinen Gummibändseln, den Zeisigen, an der Reling. Alles war genau so, wie im vergangenen Jahr bei unserer Fünen-Umrundung. Ich war mit mir zufrieden. Also hatte ich doch nicht wieder vergessen, was wir gemeinsam erarbeitet hatten.

Die an sich ganz ordentliche kleine Maschine hatte einen Nachteil : Sie war laut. Zum Schönsten, was das Segeln bietet, hat in meinen Augen immer die Ruhe gehört, die auf einem Schiff unter Segel einkehrt . Der Körper entspannt sich, die Gespräche folgen dem Körper, werden versöhnlich und sogar ein bisschen weise. Über das Gespräch stellt sich eine deutliche Intimität ein, eine Gleichheit der Gefühle, ein Gleichmaß in der Sicht der Dinge, selbst wenn es nicht die Seefahrt betrifft. Man ist sich näher als sonst und nimmt es dankbar an. Überhaupt spielt das Gefühl der Dankbarkeit beim Segeln bei mir eine große Rolle. Dass ich dies alles erleben darf, dass ich mit Menschen noch vertrauter werden kann, als es sonst möglich ist, dass ich alle Sinne offenhalten darf für die Natur um uns herum. Mit dem Knattern der Maschine war dies zu Ende. Schade. Im Lärm bleibt jedes Gespräch auf das Notwendige beschränkt.

Lärm bleibt jedes Gespräch auf das Notwendige beschränkt.

Für ganz kurze Zeit frischte der Wind auf. Ich sah Jörg an und schickte mich an, wieder aufs Vorschiff zu kriechen. Er nickte mir fröhlich zu. Die Segel standen gut, das Schiff machte flotte Fahrt, und der Ratteldattel, der Störenfried, musste schweigen. Dieser Augenblick, die Wiederkehr der Ruhe, hat mich jedesmal beglückt. Es war immer, als würde etwas von mir abfallen, was mich einengt, mich bedrängt. Das Bewusstsein, nun wieder sozusagen im Zustand der Unschuld zu sein, kann man kaum beschreiben. Es ist ein gemeinsames Glücksgefühl, das für eine ganze Zeitlang jedem Gespräch Flügel verleiht.

Ich sah Jörg an. In seinem Gesicht fand ich meine beseligte Stimmung wieder, als sei es ein Spiegel. Wir sahen uns an und nickten uns zu, ganz leicht , wie ein Hauchen. Da war wieder dieser Draht , dieses dicke Tau, mit dem ich mit jedem meiner Kinder verbunden bin. Doch nur selten habe ich es so intensiv erleben können, wie jetzt. In dieser ruhigen, gelösten Atmosphäre, im sanften Wiegen des Schiffes habe ich dieses Gefühl angenommen und es bis zum letzten Gedanken ausgekostet. Waren es denn überhaupt Gedanken ? Ist es nicht gerade die Gelegenheit, sich den vielen, einander widerstrebenden und häufig bedrückenden Gedanken entziehen zu können ? Ich will ja gar nicht leugnen oder verdrängen, was ich erlebt habe. Bestimmt habe ich manches falsch gemacht. Hinterher ist man ja immer schlauer als vorher. Als ich handeln musste, habe ich meistens gar keine Zeit gehabt, lange darüber nachzudenken, ob es richtig war, welche Alternativen es gab, ob ich jetzt oder später und vielleicht gar nicht handeln musste. Jeder Mensch entscheidet ja im Grunde aus dem

Bauch heraus, was sein Gefühl oder sein Instinkt ihm sagt. Ich habe das Glück gehabt, dass mein Gefühl eigentlich immer richtig war. Wenn ich eimal anders entschieden habe, meinem Verstand nach reiflichem Überlegen gefolgt bin, dann habe ich häufig merken müssen, dass mein Gefühl, der erste Gedanke, richtig gewesen wäre und nicht das, was ich mir mühselig zusammengereimt hatte.

Viele der alten Geschichten kamen mir wieder in den Sinn, doch mit ihnen geschah etwas Eigenartiges : Es waren Bilder geworden, die im Grunde genommen nur mein Gefühl ansprachen, dass ich vor Freude oder aus Trauer weinen wollte, dass ich meine Empfindungen als Befreiung und nicht als Bedrückung annehmen konnte. Ich konnte es nicht für mich behalten, rückte an Jörg heran und legte meinen Arm auf seinen Nacken. So war es gut.

Dieses Glück aus dem frischen Wind hielt nur eine knappe halbe Stunde an. Das Schiff torkelte wieder in der leichten Dünung wild hin und her, der Baum mit dem Großsegel flog uns um die Ohren, unten in der Kajüte hatte sich irgend ein Ding befreit und kullerte von einer Seite auf die andere. Erst einmal nahm ich wieder die Segel weg und sicherte sie, Jörg startete den Motor, während ich die Pinne übernahm. Alles wie gehabt und genau so wortlos wie selbstverständlich.

Ich wartete auf den Abend, der nicht kam. Unter normalen Windverhältnissen hätten wir längst im nächsten Hafen sein müssen, in Hundested im Norden Seelands, dort, wo ein Fjord tief und zerklüftet die Insel zerschneidet. Weil die Sonne hoch stand, hatten wir nicht auf die Uhr geachtet. Wir waren beide müde geworden. Mal döste der eine ein wenig ein, mal der andere. Ich sah auf den vor sich hin dämmernden Jörg und bekam einen Schrecken. Sein Gesicht, vor allem seine Nase und der Nacken waren von der Sonne verbrannt. „Mein Gott, du bist ja total verbrannt !" habe ich ganz erregt hervor gestoßen . Er schrak zusammen und reagierte, als sei das Schiff plötzlich in Seenot geraten. „Nein," habe ich ihn beruhigt. „Deine Nase !". Er verstand mich erst , als ich ihm einen Spiegel vor die verbrannte Nase hielt. „Du bist aber auch verbrannt," zeigte er mir nun mein Gesicht im Spiegel. Dieses Mal war nichts mehr zu retten, außer mit einem alten Hausmittel die Schmerzen zu lindern.

Die Sonne war inzwischen so tief gesunken, dass sie uns nicht weiter schaden konnte. Es war an der Zeit, endlich einen Hafen zu finden. Zwischen dem äußersten Nordosten Seelands und Hundested gab es aber keinen. Also mussten wir weiter.

Ich war so ungeschickt, Jörg nach der Lisa zu fragen, als er sich auf die Ansteuerung von Hundested konzentrieren musste. Immer wieder hatte ich an sie denken müssen. Er kümmerte sich nicht um meine Frage. Ich schalt mich eine alberne Gans und eine Nicht-Seefrau, dass ich ausgerechnet jetzt nach dieserm Phantom fragte. Bis sie tatsächlich an Bord kam, habe ich nie wieder gefragt. In Hundested ist sie jedenfalls noch nicht an Bord gekommen.

Vor dem Einlaufen habe ich die Festmacherleinen hervorgeholt und die Fender wieder ausgehängt. Danach hatte ich Zeit, mich um die Einfahrt zum Hafen zu kümmern. Mein Platz ist beim Einlaufen zunächst auf dem Vordeck. An diesem wunderschönen Abend hatte ich mich ganz vorne an Deck gesetzt und betrachtete das ganze Szenario wie aus einer Loge im Theater heraus. Jörg ging mit langsamer Fahrt in den Hafen hinein und sah sich nach einem Liegeplatz um. Ich hatte früher als er einen entdeckt und wies mit der Hand darauf hin. Jörg nickte „Verstanden !". In einer Reihe von Liegeplätzen für Sportboote war einer frei und mit einem grünen Schild gekennzeichnet, dem Zeichen, dass der Besitzer in den nächsten Tagen nicht wieder zurückkommen würde und seinen Platz für andere freigegeben hatte.

6. Kapitel

Warten auf Lisa

Häfen wie Hundested kannte ich vom Vorjahr her. Die meisten gleichen sich wie Zwillinge, denn sie haben die gleichen Eltern : die Fischer und ihre Boote. Nur wenige Marinas in Dänemark sind in den vergangenen Jahren neu angelegt worden. Die meisten Häfen, in denen Sportboote anlegen können, sind ehemalige Fischereihäfen. Ein paar übriggebliebene Fischerboote finden sich in den meisten von ihnen. Trotzdem bestimmen sie den Charakter des Hafens. Da hängen und liegen die Netze zum Trocknen und warten darauf, geflickt zu werden, alte, leckgewordene kleine Boote finden sich da, Schrott jede Menge, verrostete Ketten und Anker. Vor allem der Geruch ! Nein, es ist kein Gestank, denn da verrottet nichts. So riecht eben die See und so riechen die Häfen. Die Dänen halten ihre Häfen peinlich sauber, darum ist der Geruch ihrer kleinen Häfen eben wie ein Parfum, unverwechselbar wie Chanel No 5.

Die Kaianlagen sind nicht gerade jung, für die Fischerleute reichen sie noch für manches Jahrzehnt. Hier und da platzt der Beton auf und läßt das Eisen sehen, das ihm Halt geben soll. Wo es zu arg wird, wird repariert, doch nicht mehr als unbedingt nötig. Für die kleinen Segel- und Motorboote sind die Kaimauern gewöhnlich viel zu hoch. Jörg hat immer versucht, das Schiff dahin zu legen, wo eine Leiter zur Pier emporführte. Wenn es nicht geklappt hatte, war ich ziemlich am Ende und fast immer auf Jörgs Hilfe angewiesen. „Du musst abnehmen !" hat er häufig gesagt und wusste doch, dass ich im letzten ein und einem halben Jahr richtig dürr geworden war.

Die Ortschaften, die zu den kleinen Fischerhäfen gehören, spiegeln die Welt der Fischer wieder, wie sie vor etlichen Jahrzehnten gewesen ist und haben sich kaum verändert. Es sind fast ohne Ausnahme kleine eingeschossige Fachwerkhäuser, die überwiegend verputzt sind und gut in Farbe gehalten werden .

Die Leute in Hundested hatten also das Geschäft mit den Seglern und Motorbootfahrern entdeckt, einen der Ihren zum Hafenmeister gemacht und WC nebst Dusche eingerichtet. So , wie es die meisten kleinen und größeren Fischerhäfen inzwischen getan haben. Vom Vorjahr wussten wir, dass die Duschen in Dänemark mit dänischen Kronen gefüttert werden müssen und dafür reichlich warmes Wasser geben. Hier mussten wir 5-Kronen-Münzen in den Automaten tun. In anderen Häfen muss man sich beim Hafenmeister Wertmarken kaufen, die der Warmwasser-Automat annimmt.

Trotz der Mittsommerzeit war es schon ziemlich dunkel geworden, als wir vom Duschen wieder an Bord gingen. Wir waren nicht erstaunt, dass Mitternacht schon vorüber war. Trotzdem waren wir nicht richtig müde. Uns fehlte der Spaziergang, der flotte Fußmarsch, den wir im vergangenen Jahr in jedem Hafen zur Gewohnheit gemacht hatten. Beim Segeln bewegt man sich ja kaum, die Gelenke schlafen ein und müssen am Ende langsam wieder beweglich gemacht werden. Wir hatten uns einige Gymnastikübungen angewöhnt, die dem etwas abhalfen : Dehnen, Recken, den ganzen Körper verdrehen, Aufstehen, Rumpfbeugen und so weiter.

Vom Ort her war Musik zu hören, die eigentlich nur aus dröhnenden Bässen bestand. Über dem kleinen Ort stand ein Dom aus Licht. Wenn die klopfenden, stampfenden Rhythmen Pause machten, war anderer Lärm zu hören, wie ihn die Menschen an den Wurstbuden und in den Bierzelten machen.

Wir waren neugierig geworden , zogen uns noch einmal wieder vollständig an und gingen auf den Lärm und das Licht zu. Ein kleiner Jahrmarkt war da aufgebaut mit Würstchenbuden, Schießständen, Pommes-Buden und Kinderkarusssells, die nun mit Halbstarken besetzt waren. Viele Männer waren angetrunken, vor allem junge, einige Frauen auch, alle in „reifem Alter". Wir hielten uns erst einmal in einiger Entfernung vom Getriebe, um „Witterung" zu nehmen. Die Dänen starrten uns genau so an, wie wir sie. Mir war es unangenehm. Wir waren dabei, den Dänen ihren Spaß zu verderben. Jörg machte eine Bewegung, als wolle er zurück zum Schiff, ich hielt ihn fest. „Hast du Angst?" „Komm mit, ich möchte eine Wurst essen!" „In dem Trubel?" „Gerade deshalb!" Er schüttelte sich, als überkäme ihn Ekel. Diese Art von Vergnügen mochte er genau so wenig wie sein Vater.

Jörg blieb unwillig. Ich musste ihn mit mir ziehen wie ein kleines Kind im Trotzalter. Ich war übermütig und genau so trotzig wie er. Jörg war es maßlos peinlich, wie die Dänen uns zusahen und sich an unserer kleinen Auseinandersetzung weideten. Sie blinzelten mir zu und machten sich zu meinen Bundesgenossen. Es war körperlich zu spüren, wie der Graben, der zuvor zwischen uns und den übermütigen Dänen bestanden hatte, zugeschüttet war. Sie forderten uns auf, zu ihnen an die Theke zu kommen und boten uns Bier und Snaps an. Ich nahm ihr Angebot an und war sofort Mittelpunkt, ohne es zu wollen. Die jungen Frauen sahen belustigt zu, bei den älteren meinte ich, immer noch ein Stück Feindschaft zu spüren, die aus dem unseligen Krieg übriggeblieben war.

Wie lange wir im Mittsommertrubel ausgehalten haben, weiß ich nicht, denn ich hatte zum Schluss auch einen kleinen Klüten. Jörg hatte nur eine Cola getrunken und hatte es zum Schluss eilig, wegzukommen. Ich hatte es ganz lustig gefunden, gemeinsam mit den Dänen ihre Mittsommerzeit zu feiern. Dass ich mich gegen einige Aufdringlichkeiten wehren musste, war mir schon nicht mehr unangenehm. Ich kannte so etwas mindestens seit meinem 15. oder 16. Lebensjahr und hatte gelernt, damit umzugehen. Jetzt hatte ich Sorge, Jörg würde seine Beschützerrolle zu ernst nehmen. Es ging aber alles gut, und sogar er kam ein wenig in Fahrt und hatte mit den Dänen über irgend etwas palavert, was sie gemeinsam interessierte. Bestimmt nicht Goethe oder Kierkegaard.

Wenn ein Tag zu Ende ging ist Jörg immer sehr schnell in die Koje gehüpft, auf die Sofabank in der Kajüte. Hier ließ er sich Zeit. Ich lag schon eine ganze Weile vorne neben der gewaltigen Menge Segel und konnte keine Ruhe finden. Wenn ich mich bewegte, kam ich an das weiße Gebirge, und es raschelte wie in den Blätterhaufen im Herbst. Ich wurde jedesmal wieder wach. Bei nassem Wetter würde es besser werden, dann würden die Plünnen draußen bleiben und an der Reling festgezurrt werden. Jetzt hatte ich eine kleine Lampe angemacht und blätterte noch in einer Zeitschrift. Welcher Prominente gerade für Schlagzeilen sorgte weiß ich nicht mehr. Das war mir auch ziemlich egal. Ich wollte nur mit meinen Gedanken und meinem Körper zur Ruhe kommen.

Jörg hantierte immer noch in der Kajüte. Von der freien Bank nahm er die Seekarten weg und schob sie unter das Polster. Die tausend Kleinigkeiten, mit denen der Sitz verziert war, verteilte er, sorgfältig sortiert, auf die kleinen Fächer unterhalb der Fenster zu beiden Seiten des Bootes, die sinnigerweise Schwalbennester genannt werden. Dieses geordnete Chaos war immer sein Markenzeichen auf See gewesen. Gehörte sein ungewohnter Ordnungssinn schon zum Begrüßungsritual für Lisa ? Ich hatte mir geschworen, ihn nicht wieder nach Lisa zu fragen und hielt meinen Schwur. Und meinen Mund.

Dabei bin ich eingeschlafen. Als ich aufwachte, schien die Sonne mit ihrer ganzen Macht ins Boot. Jörg schlief noch ganz fest. Jedenfalls tat er so. Es ging auf zehn Uhr zu. Ich machte Katzenwäsche, zog mich an und ging an Land, Brötchen zu holen. Manche Segler sagen, dass sie für die leckeren dänischen Brötchen halb um die Welt segeln würden, für die dänische Wurst noch nicht einmal quer über die Flensburger Förde. Das mit den Brötchen stimmt, das mit der Wurst soll nur vor dem Krieg gestimmt haben, als ein dänische Schlachter von Rang sich mit dem Schild „Thüringer Wurstmaker"zieren musste, wenn seine Wurst vom anspruchsvollen Publikum beachtet werden sollte.

Jörg war inzwischen aufgestanden, hatte sich angezogen und roch nach Rasierwasser. Den Tisch hatte er gedeckt und mit Servietten verziert, an die ich mich nicht erinnern konnte. Lisa ? Er sah in den Brötchenbeutel und machte eine Miene, als seien es nicht genug. Ich sah mich um. Hatte sich Lisa irgendwo versteckt ? Jörg tat, als sähe er es nicht und fing mit betonter Langsamkeit an zu essen. Zwei- dreimal stand er auf und sah nach draußen. Wer spannte wen hier auf die Folter ?

„Wieviel Seemeilen sind es bis Greena ?" „Dreissig Meilen oder so" „Dann wird es langsam Zeit, dass wir loskommen !" Als hätte er meine Gedanken erraten, sagte er dann nur noch : „Sie kommt in Greena !" und zog sich die Segelhandschuhe über. Das ist das Zeichen, dass es losgehen soll.

Wir hatten günstigen Wind und kamen zeitig am Nachmittag in Greena an. Gegen die starke, unerbittliche Sonne hatten wir uns eingepackt, mit Sonnenschutzmittel eingecremt und auch eine Art Sonnensegel zwischen der Reling am Heck, dem Heckkorb, und dem Achterstag gespannt. Es sah schlimmer aus als Wäsche zum Trocknen, was Jörg so sehr als unsportlich und unseemännisch bekämpft. Ernst konnte Wäsche auf der Leine an Bord genau so wenig leiden. Die Furcht vor einem neuerlichen Sonnenbrand war offensichtlich stärker als das Beharren auf starren seemänischen Ritualen.

Das Anlegen in Greena, das Ausbringen der Festmacherleinen, das Aufklaren und Aufräumen geschah wie immer und war binnen einer halben Stunde erledigt. Einige Nachlässigkeiten verkniff ich mir, denn hier sollte ja endlich Lisa an Bord kommen. Sie sollte gleich zu Anfang eine Ordnung vorfinden, die sozusagen ein Muster für sie sein sollte : „Guck mal, so muss es sein !". Vorbild ist immer besser als Ermahnen. Ich hatte mir vorgenommen, den unangenehmeren Part zu übernehmen, Lisa für den Umgang an Bord anzuleiten, wenn nötig, auch einmal zu meckern und Druck auszuüben. Ich wollte Jörg den Rücken freihalten. Wenn ich dann in wenigen Tagen von Bord ging, würde Jörg ernten können , was ich gesät habe.

Aus dem Gewühl an der Pier löste sich eine jüngere, hoch aufgeschossene Frau, die eine große Reisetasche mit sich schleppte, und steuerte auf uns zu. Jörg stand aufgeregt auf, stieg an Land, ließ sich mit Küsschen links und Küsschen rechts herzlich begrüßen, nahm ihr die Tasche ab und wollte ihr an Bord helfen. Sie hüpfte mit einem eleganten Dreh an Bord, wobei sie ihren Körper wie eine Kunstturnerin bog. Ich war von dieser Erscheinung fasziniert. Dass sie einiges größer als Jörg war, hatte ich wohl registriert, fand es aber nicht wichtig. Sie begrüßte mich genau so wie sie Jörg begrüßt hatte mit Küsschen links und Küsschen rechts und „Hallo!"

Sie berichtete, dass sie direkt aus Hamburg gekommen sei und eine gute Reise gehabt hatte. Dabei musterte sie unaufhörlich das ganze Deck und die Takelage. „Wie groß ist dein Spi?" „45!", und so weiter. Sie war in der Schiffahrt gut beschlagen. Wieso hatte Jörg gesagt, Lisa hätte überhaupt keine Segelerfahrung? Mehr hatte er über Lisa sowieso nicht gesagt. Und dann diese Traumfrau! Die beiden waren miteinander vertraut und hatten offensichtlich manchen Bekannten gemeinsam. Die wenigsten kannte ich oder hatte von ihnen gehört.

Trotz des späten Nachmittags war es noch recht warm. „Ich zieh mich mal um, das ist ja nicht auszuhalten!", sagte sie, zog sich bis auf die nackte Haut aus und legte einen winzigen Bikini an. Dass wir ihr zusahen, störte sie überhaupt nicht. Ich war zufrieden. Damit würde es also keine Probleme geben. Wir gingen in der Familie genau so unbefangen miteinander um. Was sollte ich dieser Frau denn überhaupt noch über das Leben an Bord erzählen? Jede Bewegung, die sie machte, bewies, das sie genug Erfahrung an Bord hatte. Jede Äußerung verriet Vertrautheit mit dem Schiff. „Hast du nicht mal in Eppendorf gelebt?". Sie wurde ein wenig verlegen. „Du weißt, dass ich mit Jürgen fünf Jahre zusammengelebt habe!" „Wolltet ihr nicht heiraten?" „Sehe ich so aus?" Sollte es eine Frau wie diese sein, wie ich sie Jörg wünschte?". Mir kamen Zweifel.

Die Gespräche fingen an, dahinzuplätschern. Das Wesentliche schien gesagt zu sein. Jörg machte keine Anstalten, Lisa einzuweisen, wo sie ihre Sachen lassen konnte, wie der Törn weiter gehen sollte und so weiter. Das war für Jörg nicht ungewöhnlich. Er hat sich immer viel Zeit gelassen, bis er zum Wesentlichen gekommen ist. Das Unwesentliche, das eigentlich Unwichtige, war über lange Strecken das Eigentliche. Ernst hat diese Zeit auch gekannt. Anders als Jörg hat er geschwiegen und dadurch manchem den Anfang nicht leicht gemacht. Versöhnlich in dieser Anlaufzeit war sein Charme, der das Schweigen nicht nur erträglich machte, sondern auch viele, besonders Frauen, für ihn einnahm.

Mit Lisa war ich einverstanden. Sie offenbar auch mit mir. Nur leise Bedenken meldeten sich bei mir. Jörg hatte dann und wann eine Freundin gehabt. Die meisten kannte ich, weil es Mädchen aus der unmittelbaren Nachbarschaft waren. Es waren liebe junge Dinger, keine darunter mit einem so ausgeprägten, reifen Format wie Lisa. Hatte Jörg soviel Erfahrung, dass er mit so einer Frau fertig würde ? Wer würde an Bord das Sagen haben ? Hatte Lisa nicht so ungeheuer viel Erfahrung, dass sie mit Jörg würde machen können, was sie wollte ? Manches deutete darauf hin, dass sie das Risiko suchte. Sollte ich einen Vorwand erfinden, damit ich an Bord bleiben konnte, um Jörg beizustehen ? Ich fand diesen Gedanken albern. Jörg war ein erwachsener Mann, und er würde schon wissen, wie er mit dieser starken Frau umgehen muss.

Dann kehrten sich meine Gedanken um : Ich beschloss, schon am nächsten Tag nach Haus zu fahren. Ich war überflüssig wie ein Kropf. Lisa hatte mir berichtet, dass die Zugverbindung nach Hamburg ausgezeichnet sei. Sie war ja gerade eben mit dem Zug angekommen. Ich wollte keinen langen Abschied nehmen. Morgen, beim Frühstück würde ich meine Entscheidung verkünden, ich würde ruckzuck meine Sachen zusammenpacken und ich würde mich nicht umstimmen lassen.

Im Gespräch zwischen uns dreien war wieder eine Pause eingetreten. Ich wartete darauf, dass die beiden nun zur Sache kommen würden. Lisa stand auf, nahm ihre schwere Reisetasche und sagte : „Tschau, Meiner wird schon da sein. Morgen segeln wir nach Läsö !". Sie gab erst mir, dann Jörg ein Küsschen links, dann ein Küsschen rechts auf die Wange und hüpfte so geschmeidig wie sie gekommen war, an Land. „War das nicht Lisa ?", „Nein, Brigitte !".

7. Kapitel

Lisa und das Ende - ein Anfang

Die Sonne bekam schon einen rötlichen Schimmer, das Leben in der kleinen Stadt war das nach Feierabend. Man gab sich noch gelassener als über Tag, wenn die meisten Menschen in Greena ihrer Arbeit nachgehen. Hektik ist in diesen kleinen Orten in Dänemark, wie auch daheim in vergleichbaren Ortschaften, ein Fremdwort. Man ist nicht weniger fleißig als die aufgeregten Großstädter, nur hat man mehr Ausdauer und verschleißt seine Kräfte nicht mit pausenloser Nervösität.

Die einzige Straße in Greena ist sozusagen die Fischgräte, die der kleinen Stadt Form und Charakter gibt. Es gibt Läden für alle Gegenstände des täglichen Lebens und dazu solche, die Ausrüstung für die Fischerei anbieten. Und natürlich Fischgroßhändler, die ihre Ware vor allem nach Deutschland verkaufen. Ebenso ein paar Betriebe, die Fisch verarbeiten. Eingestreut eine ganze Reihe von Werkstätten, die für die Fischerboote und neuerdings auch für die Sportschiffer von Nutzen sind. Fast alle Gebäude sind neueren Datums und zeigen sich hier wie in vergleichbaren Orten überall auf der Welt, gesichtslos, austauschbar : Greena gegen Sidney oder Santiago de Chile. In der Umgebung von Stuttgart oder Marseille sieht es genau so aus. Coca Cola und Volvo Penta , Sony und VW. Die wenigen, wirklich alten Fischerkaten konnte man an den Fingern einer Hand abzählen.

Nach dem überraschenden Abgang der vermeintlichen Lisa war zwischen mir und Jörg Funkstille. „War ich denn nun wirklich zu blöd, um erkennen zu können, dass es nicht Lisa war ?", habe ich mich gefragt. „Hast du Jörg wirklich eine solche Partnerin gewünscht ? Oder warst du nur in diese schillernde Frau verliebt ?". Welchen Vorwurf sollte ich Jörg machen ? Hätte er mir die Brigitte nicht mit Namen vorstellen müssen ? Ich hatte mich als Jörgs Mutter vorgestellt, und sie hatte mit dem lächerlichen „Hallo !" geantwortet. Hatte Jörg sich nur einen Spaß mit mir geleistet ? Es wäre nicht das erste Mal gewesen. Ich musste erst einmal weg, an Land, andere Gedanken fassen, eine gehörige Portion Wut verdauen. Schon nach den ersten Schritten wusste ich nicht mehr, ob ich mich weiter ärgern sollte oder über das Schlitzohr von Sohn lachen. Ich habe lauthals gelacht und fing an, mit kleinen lustigen Tanzschritten über das Kopfsteinpflaster zu hüpfen. Das hatte ich den Dänen in Hundested abgeguckt. Sollten mich die Leute doch für verrückt oder besoffen halten. Ich hatte gemerkt, dass in der Mittsommerzeit beides für normal angesehen wird.

In der Hauptstraße von Greena, der einzigen, habe ich mich um alles mögliche gekümmert, ohne dass ich irgend etwas Bestimmtes sehen wollte. Mal war es eine Auslage in einem Geschäft, die mich interessierte, mal waren es Menschen, die mir auffielen. Eine junge Frau fiel besonders auf. Sie trug ein sogenanntes kleines Schwarzes, ein hübsches, sehr auffallendes Gesellschaftskleid. Es passte hier überhaupt nicht her, wenn man vom großzügigen Decolleté und dem riesigen Rückenausschnitt absah, die für das sehr warme Wetter genau passend waren. Völlig unpassend zu ihrem Kleid mühte sie sich mit einer riesengroßen, geradezu ordinären Reisetasche ab. Ihre Schuhe mit hohen Absätzen machten ihr zusätzliche Mühe. Die Frau amüsierte mich, und ich habe sie längere Zeit beobachtet.

Sie marschierte zunächst zielstrebig die Hauptstrße entlang, hielt bald an, um Luft zu schöpfen und offenbar auch, um sich zu orientieren. Nach wenigen Metern musste sie die schwere Tasche absetzen , rückte ihr Kleid zurecht, das mehr blanke Haut frei gegeben hatte als ihr lieb war, und mühte sich um ihre Schuhe, die ihr offenbar auch zu schaffen machten. Mehr und mehr sah sie sich hilflos um. Ein Mann, den sie ansprach, wies mit der Hand auf den nahen Hafen. Sie schleppte sich weiter, blieb unsicher. Ich kam mir ein wenig schäbig vor, sie nur zu beobachten, ohne ihr zu helfen. Schließlich sprach ich sie auf deutsch an und hatte Glück. Ja, sie wollte zum Hafen. Wir fingen ein unverbindliches kleines Gespräch an, vom schönen, warmen Wetter und dass ihr luftiges Kleid dafür genau das richtige sei und so weiter. Ja, sie wollte segeln gehen, ein Bekannter hätte sie eingeladen. Eigentlich hätte sie dazu gar keine Lust, aber ihr Bekannter - das betonte sie - hätte niemanden gefunden, der mit ihm fahren könnte und hätte sie solange bekniet, bis sie zugesagt hätte. „Ich bin gespannt, wie das ausgeht !", sagte sie noch, als sie vor der „Samba" stand.

Wenn ich nun erinnern soll, was ich damals empfunden, gedacht habe, dann nur dieses : Ich war geschockt und weiß noch nicht einmal warum. Abgesehen von ihrer unpassenden Kleidung war sie gepflegt , sprach ein kultiviertes, vielleicht sogar zu intellektuelles Deutsch und hatte gute Manieren. Sie begegnete mir als der Älteren gegenüber schon mit Respekt, als sie noch gar nicht wusste, wer ich bin. Vielleicht war es nur der Unterschied zwischen der burschikosen, fast ordinären Brigitte mit ihrer Borderfahrung und dieser damenhaften Erscheinung, die gar nicht zu einem Segelboot passte. Wo hatte Jörg diese Frau aufgegabelt ? Wer war sie ? In welcher Beziehung zu Jörg stand sie wirklich ? Jörg mochte ich nicht fragen, die Frau, die wirklich Lisa hieß, eigentlich Elisabeth, schon gar nicht. Ich fand, dass Elisabeth besser zu ihr passte als das hausbackene Lisa. Als Kind hat man sie sicher Lieschen genannt .

Nun also stand sie neben mir an der Pier und ich musste Farbe bekennen. „Sie haben doch gleich gewusst , wer ich bin !" griff sie mich an. „Und mein Kleid haben Sie so angesehen, als sei ich nicht ganz normal !". Ich überlegte, ob ich auf ihren Angriff mit einem Gegenangriff antworten sollte. Mir war danach zumute. Diesen ersten Gedanken verwarf ich ganz schnell wieder, weil ich mir klar war, dass dadurch möglicherweise Porzellan zerschlagen worden wäre. In meinem ganzen Leben habe ich eine erste Begenung mit fremden Menschen unter allen Umständen so gestalten können, dass alle Türen offen blieben, selbst wenn mir manches Mal mulmig war. Hier war die Situation besonders schwierig, weil wir mindestens einige Tage zu dritt auf engem Raum miteinander auskommen mussten. Hinterher musste Jörg mit Lisa allein zurechtkommen, nachdem eine unbequeme Mutter sich unter Umständen zu ihrem Sohn und gegen die Frau gestellt hatte. Auch ohne solche Konflikte war es für Lisa bestimmt schwer genug, in einer bewährten Mutter-Sohn-Beziehung mitzuhalten. Wenn es Jörgs große Liebe gewesen wäre, hätte ich mich sofort zurückgezogen und ihnen nicht im Wege gestanden. Wenigstens hatte ich mir dieses ja vorgenommen.

Ich habe einfach die Flucht nach vorn angetreten, „Tag, Lisa," gesagt und sie in den Arm genommen. „Ich bin die Hilde !" „Ich weiß !". Bevor sie Jörg begrüßte entstand eine Pause, die ich als gefährlich empfand. Sie signalisierte eine gewisse Spannung zwischen beiden. Bestimmt waren meine Beobachtungen Hirngespinste, denn ich war noch nie dabei gewesen, wenn Jörg eine echte Freundin begrüßte. Der Schock mit Brigitte steckte mir noch in den Knochen, wirklich unbefangen konnte ich noch nicht wieder sein.

Lisa war mit ihren Straßenschuhen an Bord gekommen und hatte sie gleich ausgezogen, um ihren Füßen Luft zu verschaffen. In der ersten Überraschung hatte ich vergessen, dass ich der böse Zuchtmeister sein wollte, der Lisa dressieren sollte. Als ich jetzt daran dachte, merkte ich, dass ich diese Rolle nicht spielen konnte. Ich hätte mich selbst verleugnen müssen. „Du hast Bootsschuhe mit?", fragte ich sie. „Natürlich, aber die sind mir heute zu heiß!". Über das unpassende Kleid sprachen wir nicht. Ich wünschte mir selbst so einen luftigen Fummel. Auf der „Astrid" hatte ich fast das gleiche Kleid getragen. Jetzt hatte ich Bikini und Einteiler mit und zwei Kleider im unauffälligen Futteral-Schnitt, die wohl praktisch und luftig waren, aber alles andere als modisch. An ein modisches Kleid hatte ich gar nicht gedacht. Es hätte wirklich nicht zu einem ausgedehnten Segeltörn gepasst. In mir wühlte ein Wurm, im Nachhinein wird es ein Stück Rivalität unter Frauen gewesen sein.

Lisa ging nach unten in die Kajüte und kam in Bluse und Shorts wieder nach oben. Ich entschuldigte mich, ich müsste Abendbrot machen und stieg in die Kajüte. Die beiden jungen Leute blieben in einiger Entfernung voneinander sitzen und fingen ein Gespräch miteinander an, bei dem sie so leise sprachen , dass ich kein Wort verstand. Tonfall und Gesten waren friedlich. Eine engere Beziehung konnte ich nicht herauslesen. Es hätte mich auch gewundert, wenn Jörg sich so offenbart hätte.

Beim Abendbrot hielt Jörg Vortrag, um Lisa auf die Verhältnisse an Bord einzuschwören. Lisa zeigte nach einer knappen halben Stunde Unmut. Jörg merkte es nicht oder wollte es nicht merken. „Lass das man erst einmal genug sein !". Jörg sah mich ein wenig unwillig an und überließ mir das weitere Gespräch. Lisa fragte, und ich glaube, dass sie so fragte, wie eine Frau fragt, bei der die technischen Einzelheiten nicht die gleiche Rolle spielen wie bei einem ausgepichten Segler wie es Jörg ist. In ihren Fragen klang gelegentlich eine gewisse Agressivität an, so „Warum der Quatsch?".

Nach dem Abendbrot gingen wir gemeinsam an Land und stürzten uns in das Greenaer Mittsommervergnügen. Ich hätte gern getanzt, denn die Bauernkapelle spielte ganz konservative Tanzmusik. Mit Jörg klappte es nicht, denn er mag nicht tanzen, obwohl er vor Jahren einen Tanzkursus mit gutem Erfolg besucht hat. Lisa bockte gleichfalls. Ich war sauer und ließ mich von einigen dänischen Männern schwenken. Mir hat es jedenfalls Spaß gemacht. Nach einigen Tänzen hatte ich bei den süßsauren Gesichtern meiner beiden Begleiter keine Lust mehr und wir gingen. Ich hatte gemerkt, dass Lisa eine nicht ganz einfache Person war. Meine Unbefangenheit war weg. Ich würde in Zukunft jedesmal überlegen müssen, ob es richtig ist, was ich sagen wollte.

„Wo soll ich schlafen?", fragte sie. „Vorne!". Und dann fragte sie nicht etwa, wo ich schlafe, sondern sie fragte wie lauernd „und wo schläft Jörg?". Hatte sie gehofft, dass Jörg neben ihr im Vorschiff schläft oder hatte sie Angst davor? Ich blieb aber doch vorne neben der Segellast, Lisa schlief in der Kajüte, Jörg gegenüber. Mir wäre viel wohler gewesen, wenn Jörg mir zuvor klipp und klar erklärt hätte, welcher Art seine Beziehung zu Lisa ist. So blieb alles in der Schwebe. Der Einzige, der sorglos und unbefangen tat, war Jörg.

Wir hatten alle gut geschlafen. Lisa zeigte einige Zurückhaltung. Ich schickte Jörg nach draußen, damit sie sich unbefangen putzen konnte. Sie war mir mit einem Blick dankbar. Von da an stellte sich zwischen ihr und mir eine gewisse, wenn auch verhaltene Vertraulichkeit ein. Das Verhältnis zwischen ihr und Jörg blieb in der Schwebe. Allerdings gingen die beiden höflich miteinander um. Für ein Segelboot fand ich, zu höflich. Lisa befolgte aufmerksam alle einfachen Orders, die ihr Jörg zumutete. Er hatte offensichtlich ein richtiges Lernprogramm für sie erarbeitet. Später hat er es mir bestätigt. Jörg ließ sie die Festmacherleinen aufschießen und wegstauen, die Fender einholen und einige lose herumhängende Fallen ordnungsmäßig aufschießen. Sie stellte die gleichen Fragen, die ich zu Anfang unseres Wassersports an Ernst gestellt hatte. Aber anders als ich damals hat sie keine der altbewährten Gepflogenheiten für sinnvoll gehalten. Kaum ein einziges Mal ging es ohne Widerstand vor sich.

Die ruhige, gleichmäßige Fahrt nach Bonnerup Havn gab keinen Anlass, sich offen oder versteckt anzumachen. Der Wind wehte mit nur 2 Windstärken, genug, das schnittige Boot voranzutreiben, zu wenig, um Hektik oder gar Stress aufkommen zu lassen. Ab und zu setzte Jörg Lisa an die Pinne. Sie hatte keinerlei Erfahrung in der Segelei, kaum ein seemännischer Begriff war ihr vertraut. Meine schlimmsten Befürchtungen bestätigten sich. Sie hatte eine ungeheuer schnelle und gründliche Auffassunsgabe, hatte aber immer Einwände und erfand ständig neue, eigene Interpretationen. Backbord blieb für sie links und Steuerbord rechts. Achtern fand sie ordinär, Backskiste für irreführend. „Wo soll ich denn nun hinsteuern ? Links oder rechts ? Wieso Grad ? Wir steuern doch nicht nach Thermometer !".

Eine Schule Tümmler lenkte uns ab. Die possierlichen Kerle spielten mit dem Schiff kriegen, tauchten unter ihm weg, schossen auf der anderen Seite hoch, sprangen in die Luft, schwammen dem Schiff voraus und kehrten zurück, um mit ihren klugen Augen den merkwürdigen

Gast auf dem Wasser genau zu mustern. Ich hatte den Eindruck, sie wollten mit uns reden. Die Eleganz der Tiere hat auch Lisa beeindruckt. Für eine ganze Weile gab sie ihren Widerstand auf und machte mir neue Hoffnung. Jörg hüllte sich weiter in Schweigen. Mir erschien er so geladen, so wütend, dass er Sorge haben musste, die Fassung zu verlieren. Ich kannte das an ihm.

Wegen des schwachen Windes mussten wir die Hälfte der Distanz unter Motor laufen. „Der Lärm ist ja nicht auszuhalten !", beschwerte sich Lisa bei mir. „So ist es nun einmal, wenn man mit der Maschine fahren muss !" „Kein Mensch MUSS segeln !", und das „Muss" betonte sie. Jörg nahm sie wieder an die Pinne, und für eine ganze Strecke war Frieden.

So friedlich, dass ich es wagte, sie nach persönlichen Dingen zu fragen , wie alt sie ist. Unwirsch sagte sie : "26 !". Ich hörte nicht auf die Signale und fragte weiter. Sie platzte heraus: "Ist das hier ein Verhör oder wollen wir segeln ?". Die Stimmung war so verfahren, dass ich gelegentlich in das „Sie" verfiel. Auch Lisa redete mich gelegentlich mit „Sie" an. Ich sah Jörg an und fühlte mich hilflos. Mit einem letzten Versuch meinte ich, das Verhängnis abwenden zu können. Ich fing an, von meiner Vergangenheit als Seemannsfrau zu reden. Sie hörte gar nicht zu und stand nach kurzer Zeit gelangweilt auf. Wenn Jörg an ihr gelegen wäre, hätte er jetzt handeln müssen. Er tat es nicht. Ich dachte : "Verdammter Kerl ! Steh mir doch endlich bei !". Sagen konnte ich es nicht. Lisa war so aufgebracht, dass sie jede meiner Bewegungen, jede Miene aufmerksam beäugte. Was ich Jörg mit den Augen mitteilte, musste sie mitbekommen. Längst war klar, dass Jörg diese Frau nicht mochte. Warum hatte er sie denn mitgenommen ? Hatten sie mal etwas miteinander ? War sie doch böse, dass sie nicht mit Jörg zusammen im Vorschiff schlafen konnte ? Was hatte bewirkt, das Jörg diese Frau ablehnte ? Hatte sie mit ihrem ständigen Aufbegehren diese Situation selbst verschuldet ?

Bonnerup Havn. Ein unwahrscheinlich schöner, warmer Abend. Die Gemüter hatten sich wieder beruhigt, als wir mit der letzten Brise einlaufen konnten. Lisa stellte sich geschickt und willig an, tat genau, was Jörg ihr befahl. Trotzdem sagte mir Jörg unter vier Augen : "Ich schick sie weg. Das wird nichts !" So haben wir es beim Abendbrot besprochen und Lisa war froh darüber. Und dann ? Ich war so aufgeregt und so bedrückt, dass ich keinen klaren Gedanken fassen konnte. Es gab keine Lösung. Ein paar Tage wollte ich ohnehin an Bord bleiben. Ich würde Jörg helfen, das Schiff zurück zu einem deutschen Hafen zu bringen. Dann müsste Jörg selbst sehen, wie es weitergeht.

Abends haben wir uns gemeinsam um die Fahrpläne von Bus und Eisenbahn bemüht und noch in Frieden Abschied gefeiert. Sie hätte immer nur Angst gehabt, gestand Lisa.

Lisa hat noch am Abend ihre Tasche gepackt. Wir haben sie anschließend in den Bus gesetzt. Jörg ist mit mir den Strand entlang gegangen, traumhafter Sand, eine zauberhafte Stimmung, die nicht der Dunkelheit weichen wollte. Wir haben uns eingestanden, dass wir beide erleichtert waren. „Kannst du nicht weiter an Bord bleiben ?" ,fragte er mich wie flehend. „Du bist verrückt !". Ich bin an Bord geblieben.

8. Kapitel

In der Klemme

Meine Entscheidung, an Bord zu bleiben, war voreilig gewesen. Ich hatte zu Hause wohl vieles gerichtet, doch war ich von einer Woche ausgegangen, vielleicht von einem Tag mehr oder auch zweien. Ich kam mir vor wie eine Fahnenflüchtige, wie jemand, der einfach vor den Problemen davonläuft. Die bisherige Zeit mit Lisa und ihrem Phantom, die Tage mit Ulla hatten mich so sehr beschäftigt, dass ich keinen Gedanken an meine Pflichten als Hausmeisterin verwandt hatte. Nun, wo ich Jörg schon zugesagt hatte, bei ihm zu bleiben, fielen mir die tausend unerledigten Dinge wieder ein. Der Dachdecker musste endlich eine seit Jahren fehlende Dachziegel ersetzen, das Schloss an einer Haustür hakte, einer der Mieter spielte verrückt und musste unbedingt zur Räson gebracht werden. Die großen Rasenflächen standen nächste Woche zum Mähen wieder an und und...

Uwe hatte seinen Urlaub schon hinter sich. Aber er hatte einen anstrengenden Beruf und kam erst spät nach Haus. Ich konnte doch nicht einfach über seine spärliche Freizeit verfügen. Auf jeden Fall musste ich erst einmal mit ihm telefonieren. Beim dritten oder vierten Versuch hatte ich ihn an der Strippe. Er wusste schon alles. Auch die Geschichte mit der falschen Lisa. Die ganze Familie hätte sich vor Lachen ausgeschüttet. Natürlich, die Zwillinge telefonierten fast täglich miteinander. Offenbar sogar jetzt aus Dänemark. Wenn Jörg sagte, er wolle noch einmal an Land, hätte ich wissen müssen, dass er mit seinem Bruder telefonieren will. Aus Hundested hatte ich selbst mit Uwe und dann mit Karin gesprochen. Dass ich so neugierig auf Lisa war, habe ich verschämt unterschlagen.

„Kann ich bei Jörg an Bord bleiben?" „Das ist doch deine Entscheidung und nicht meine!" „Ich kann doch nicht einfach wegbleiben!" „Warum nicht?" „Wir haben jetzt Sommer!" „Willst du im Winter mit Jörg segeln?" Pause. Krrrch, Zisch Krchch. „Bist du noch da?" „Der Garten muss nächste Woche wieder gemacht werden!" „Ich habe gestern gemäht!" „Mein Gott, die Blumen!" „Die gießt Christa!" „Ich denke, dass wir noch mindestens vierzehn Tage unterwegs sein werden!" „Prima!" „Aber das geht doch gar nicht!". Das Zischen und Krachen war mit einemmal vorbei, man hätte denken können, es sei ein Ortsgespräch. Ich konnte Uwes Atem hören, er war ganz aufgeregt. „Du bleibst jetzt an Bord. Den Rest mache ich!". Punktum. Wieder machte ich Einwendungen. Uwe wurde energischer. „Mutti, ich sage dir doch, dass hier alles läuft. Ich habe Zeit genug. Hör endlich auf, dich zu sträuben!" „Ich muss mir das noch überlegen!" „Überlege lieber, was hier noch für mich zu tun ist. Ruf mich morgen noch einmal an. Am besten im Geschäft!". Er setzte hinzu : "Denk daran, wie schön die Reise im letzten Jahr gewesen ist. Und du bist noch lange nicht fertig mit Vaters Tod!". Ich musste furchtbar schlucken. Der Gute.

Dass Uwe sich so großmütig zeigte, befreite mich nicht aus meinem Dilemma. Im Gegenteil, er hatte mir ungewollt bewiesen, was er an meiner Stelle alles erledigen musste. Ich müsste lügen, wenn ich nur dieses Mal von Uwes Großmut reden würde. Er ist so. Von meinen drei Kindern ist er derjenige, der sich am offensten um mich sorgt. Ich sage ganz bewusst : am offensten. Jörgs Fürsorge, die mit dem hintergründigen Charme seines Vaters, habe ich schon beschrieben. Wenn ich mir etwas vorgenommen habe, was mir seiner Meinung nach Unbill beschert, übermäßige Mühsal, dann sagt er es mir einmal und schweigt dann. Sein Schweigen sagt meistens mehr als ein Mensch mit Worten ausdrücken kann. Uwe lässt in solchen Fällen nicht locker. Er dringt auf mich ein, aggressiv, besorgt, argumentiert, erinnert mich an eigene Fehlentscheidungen: "Du hast doch damals selbst gesagt, dass du so etwas nie wieder anfassen würdest . Und jetzt willst du den gleichen Blödsinn wieder machen !". Recht hat er. In großen Dingen bin ich vorsichtig, in weniger wichtigen eher leichtsinnig. Konrad Adenauer hat einmal gesagt : "Was schert mich mein Geschwätz von gestern !".

Ich bin noch nie konsequent gewesen, wenn man damit das Beharren auf einer bestimmten Meinung versteht. Konsequenz ist für mich ein Korsett , das nicht stützt, sondern einengt. Wenn ich nicht gelernt hätte, aus meiner täglichen Erfahrung immer neue Ansichten zu entwickeln, wäre ich weder mit meiner Rolle als Seemannsfrau zurechtgekommen, noch hätte ich so lange Jahre Hausmeisterin sein können. Allerdings musste ich eine bestimmte Konsequenz unter allen Umständen einhalten, nämlich, wenn ich mich in einer bestimmten Situation zu einer bestimmten Meinung durchgerungen hatte, dann habe ich dieses auch durchgehalten. Als Hausmeisterin war es lebenswichtig, sonst hätten mich die Mieter eingeseift. Als Mutter war es vielleicht Wunschtraum, den drei Kindern zu widerstehen, wenn sie bitten, betteln, flehen und trotzen. Trotzdem gab es wichtige Dinge, über die es keine Diskussion gab, zum Beispiel über eine ausreichende Nachtruhe.

Zu dieser Zeit hatte ich meine alte Entschlussfreudigkeit, meine Sicherheit im Beurteilen der jeweiligen Lage noch nicht wieder erlangt. Wohl hat mir die Hinwendung der Zwillinge sehr geholfen, doch im Konkreten konnten sie mir nicht helfen. Das konnte nur Karin. Einige Tage zuvor hatte ich schon einmal mit ihr gesprochen, ihr ein

Stimmungsbild aus Schweden gegeben und von meiner neuen Freundin Ulla berichtet. „Schade, „meinte sie, „dass es so weit weg ist!" „Ich habe ja dich!" „Du brauchst mehr und andere Menschen als mich !". Bei dem neuerlichen Gespräch mit ihr hatte ich mich im Grunde schon auf die schöne Zeit an Bord eingestellt. „Beneidenswert," sagte sie, und ich wusste, wie gern sie einen solchen Törn gesegelt hätte. Ich sah richtig ihr trauriges Gesicht vor mir. „Aber Björn ist noch viel zu klein für eine solche Reise. Das wird noch ein paar Jahre dauern, bis wir uns das leisten können!" Damit haben wir uns beide getröstet.

Ich wurde wieder unsicher. „Soll ich denn nun wirklich mit Jörg weiter segeln ?". Karin war nicht so sicher wie Uwe. „Traust du dir es denn zu ?". Sie sah das Unternehmen unter einem anderen Blickwinkel als Uwe. Uwe wollte mir unbedingt etwas Gutes zukommen lassen, Karin war in Sorge, ich würde mir zuviel zumuten. Wie sah es in Jörg aus ?

Bei der Fünen-Umrundung im vergangenen Jahr waren die Rollen noch klar verteilt : Ich lag am Boden, und Jörg sorgte für mich und baute mich auf. In diesem Jahr war ich schon bedeutend stabiler geworden und wusste, dass man mir einiges zumuten konnte. Konnte Jörg abschätzen, was ich leisten konnte? Hatte er sich darüber überhaupt Gedanken gemacht ? Er hatte die Reise nicht mit mir, sondern mit Lisa machen wollen. Hatte er gewusst , wie schwierig das Leben mit Lisa an Bord sein würde ? War Lisa vielleicht nur in meiner Gegenwart so eklig ? Hatte er sie schon anders erlebt ?

Lisas Abgang und Jörgs Bitte an mich, an Bord zu bleiben waren keine vorhersehbaren Entscheidungen gewesen. Jörg konnte noch gar nicht zu Ende gedacht haben, was es bedeutete, mit mir auf diese große Reise zu gehen. „Wie siehst du es ?", fragte ich Karin. „Jörg kennt dich besser als du denkst! Wir kennen dich alle besser als dir lieb ist !". Man hätte dieses Geständnis als Hohn sehen können, ich kannte meine Karin. „Wenn du glaubst, nur du kennst uns so genau, dann sollst du wisssen, dass auch wir dich genau kennen !". Wie sollte es denn anders sein ? Von meiner Familie habe ich immer die Sicherheit bekommen, mich so zu geben, wie ich bin. Umgekehrt habe ich auch versucht, jedem von ihnen die Sicherheit zu geben, die jeder Einzelne täglich gebraucht. Ich bin sicher, dass dieses das eigentliche Geheimnis unserer Familie ist.

Wenn man sich öffnet, macht man sich verletzlich. Doch gerade in der Öffnung erfährt man erst die Hinwendung. Hinwendung ist doch auch eine Art der Öffnung. Ich zeige, wie stark mein Gefühl für den Menschen ist, dem ich meine Hinwendung gebe. Diese Öffnung ist nie missbraucht worden. Von keinem aus meiner ganzen Familie. Ernst hat sich am schwersten getan, seine Hinwendung, seine Öffnung einzugestehen. Trotzdem war es nicht schwer, dieses zu erkennen und darauf zu antworten. Wie er meine, unsere Antwort auf seine schüchternen Zeichen annahm, war beglückend und hat mich immer wieder vergessen lassen, wie schwer er es mir manches Mal gemacht hat, an seine Liebe zu seiner Familie zu glauben.

Am Tag nach Lisas Abgang habe ich mehrere Male mit Karin und Uwe telefoniert. Es war nicht ganz billig. Mit Uwe konnte alles besprochen werden, was die Hausmeisterei betraf. „Die sollen gefälligst warten, bis du wieder zurück bist. Wenn es etwas Wichtiges ist , werden die schon wissen, wie sie Hilfe bekommen !" . Andermal sagte er : "Du bist doch nicht ihr Hampelmann !". Karin hatte schnell ihre Bedenken aufgegeben. Ich bin sicher , dass Jörg mit ihr gesprochen hat . Hinter meinem Rücken geschah mehr als ich wissen sollte. Mit einemmal war alles glatt. Unheimlich glatt. Keiner der Drei hat zugegeben, dass sie ständig miteinander in Verbindung waren. Mir fiel ein plattdeutsches Schauspiel am Ohnsorg-Theater ein, der plattdeutschen Bühne in Hamburg. Es hieß „Opa ward verköfft!", Opa wird verkauft.

Jeder der Drei versuchte, mir weiszumachen, dass alles perfekt geregelt sei. Die ruppige Art, in der Uwe meine Vertretung wahrnehmen wollte, behagte mir ganz und gar nicht. Nicht, dass ich zu ihm keinVertrauen gehabt hätte. Ich hatte immer ein bestimmtes System, so sage ich einmal, die Dinge anzugehen, die manches Mal viel Fingerspitzengefühl verlangten. Ich beschwor Uwe, sich nur um das Notwendigste zu kümmern und sich ansonsten zurückzuhalten. Der Garten sei das Wichtigste. Über Karin hörte ich, dass Uwe nichts Anderes vorhatte. Da war ich endlich beruhigt. Ein deutlicher Rest an schlechtem Gewissen ist geblieben.

Mit diesem Rest an Skrupeln fing ich ein neues Gespräch mit Jörg an. Ich suchte immer noch nach Gründen, die Reise abzubrechen. Fast alle meine Einwendungen waren mit vereinten Kräften beiseitegeschoben worden. In manchem hatten sie mich sogar überzeugt. „Mit den wenigen Kleidungsstücken kann ich unmöglich auf eine Reise gehen !" „Was hast du denn bisher gebraucht ? Deinen Bikini, zwei Büxen und ein T-Shirt!" „Und wenn es kälter wird ?" „Du hast doch einen Pullover mit !" „Einen !!" „Genügt der nicht ?" „Das ist mir alles zuviel !" „Wenn deine Klamotten dreckig sind, dann binden wir sie an einen Tampen und schleppen sie einen Tag lang achteraus !" „Bitte, verhöhn mich nicht noch !". Lange Pause.

Jörgs Unterkiefer mahlte. „Nein, ich komm nicht mit !",
erklärte ich entschlossen.

Jörg wehrte sich nicht mehr. Er sah mich immer noch
freundlich an, aber durch seine Gesichtszüge hindurch
erkannte ich seine Trauer, seine Enttäuschung. Genau
wie Ernst. Das wollte ich ihm nicht antun. Keinem meiner Kinder hätte ich eine solche Enttäuschung bereiten
mögen. Ich war so betroffen, dass der Boden wankte.
Am liebsten wäre ich ihm um den Hals gefallen, heulend
und hätte sagen wollen :" Entschuldige, das wollte ich
nicht !". Hätte ich ihm damit geholfen ? „Soll ich wirklich
mitfahren ?". Er nickte bloß. Aber wie er nickte ! Da
konnte ich nicht mehr an mich halten und habe ihn endlich abgeknutscht. Er wehrte mich ab und wies auf die
Leute am Steg. Ich war trotzdem glücklich.

9. Kapitel

Jungs

In dieser Nacht habe ich ganz tief und ruhig geschlafen. Ich hatte den Eindruck, dass ich in der gleichen Lage aufgewacht war wie ich am Abend eingeschlafen war. Nichts war zerwühlt, kein Kissen beiseitegeschoben. Ich war zeitig aufgestanden und holte Brötchen. Jörg dröhnte noch vor sich hin. Um seine Koje herum sah es so gezielt unordentlich aus, wie ich es von ihm gewohnt war . Beim Frühstück ging es zwischen uns recht wortkarg zu. Keiner von uns hatte Lust, das Kapitel Lisa auf den Tisch zu bringen. Dazu war es wenigstens bei mir noch zu früh. Aus der Klemme, in die ich mich selbst begeben hatte, war ich noch nicht ganz heraus.

„Da wollen wir heute hin !". Der kleine Hafen von Oster Horup war ungefähr 30 Seemeilen von uns entfernt, 30 mal 1852 Meter. „Lass uns man erst einmal ablegen, dann kannst du unterwegs Backschaft machen !", das Geschirr abwaschen und wegstauen. „Bei dem müden Wind müssen wir die Zeit nutzen !".

Gut, ich hatte mich entschlossen, mit Jörg weiterzusegeln, aber innerlich war ich noch lange nicht damit fertig. Wie lange sollte denn der Törn denn nun wirklich dauern ? „Mal sehen !", hatte Jörg mir nur gesagt. Und jetzt waren wir auf dem Weg nach Norden. Ich fürchtete, dass Jörg erst ab Skagen an eine Heimreise denken würde. Dazwischen immer wieder Lisa, Brigitte, die Hausmeisterei und die Blumen in meiner Wohnung. „Sitz' doch bloß mal still. Du kannst einem Menschen mit deiner Zappeligkeit die ganze Ruhe nehmen !". Mir war gar nicht bewusst, wie nervös ich war . Jörg konnte seine Nervösität besser als ich unter Kontrolle halten. Der Heckmeck der letzten

Tage muss ihm mehr noch als mir zugesetzt haben, denn für ihn ging es um mehr als für mich.

Wieder begleiteten uns Tümmler, legten sich auf die Seite, damit sie uns besser beobachten konnten, schwammen gelangweilt um das fast still liegende Schiff herum, zogen davon, bestimmt, um sich einigen Fisch zu fangen, vielleicht ein paar fette Makrelen oder einen soliden Dorsch. Wir hatten selbst daran gedacht, zu angeln und hatten den Gedanken wieder verworfen. Keiner aus unserer Familie hat jemals Spaß am Angeln gefunden. Ernst war es zu barbarisch gewesen, ein Gedanke, den ich gut nachvollziehen konnte.

Der müde Wind schob das Schiff wie auf einer Wolke schwebend ohne jedes Geräusch vor sich her. Kein Lebewesen fühlte sich gestört, keines flüchtete. Vom Bug aus konnte ich im klaren Wasser kleinere und größere Fische sehen, die erst im letzten Augenblick und dann noch mit ruhigem Flossenschlag dem Schiff aus dem Weg gingen. Von einem Clubkameraden Jörgs hatte ich gehört, dass er in einer solchen Situation einen kapitalen Hecht leicht angestoßen hatte, worauf dieser einen echten Hechtsprung germacht hatte. Der Hecht hatte seinen Kopf aus dem Wasser gehalten, um sich zu sonnen. Hechte tun angeblich so etwas, wenn sie gelernt haben, ihren Feinden unter den Menschen und Tieren aus dem Weg zu gehen.

Das ruhig dahingleitende Schiff stellte keine Ansprüche an den Rudergänger, außer, dass es harte Arbeit war, nicht von Zeit zu Zeit einzuschlafen. Die weiche Stimmung wirkte wie ein starkes Schlafmittel, eher noch wie eine Droge, die einen aus der Gegenwart in die Vergangenheit versetzt. Im Dösen tauchten Bilder auf, angenehme und bedrückende, völlig dem eigenen Willen entzogen. Ich wollte nicht noch einmal Geschehnisse lebendig werden lassen, die mir damals viel Kraft abverlangt haben. Einfach verdrängen ließen sich die Bilder nicht. Der kühle Verstand hatte keine Macht über sie. Keine Begründung, keine Erklärung, keine Entschuldigung, keine Selbstanklage, keine Schuldzuweisung ließ die Bilder verschwinden. Ob ich wollte oder nicht, ich musste die Bilder und die Geschehnisses, die dahinter standen, annehmen und mit ihnen umgehen. Ich habe manchmal leise in mich hinein geweint. Am Ende steuerte alles auf eine Art Erlösung zu, mir wurde leichter ums Herz und ich konnte nicht einmal sagen, warum es so war. Nur eines blieb und wurde sogar noch härter und unbarmherziger : Die Trauer, dass Ernst das Dunkle in seinerm Innern Zeit Lebens nicht hat überwinden können. Ich wünschte, Gott hat ihm vergeben.

Ab und zu zuckte ich zusammen, wie von einem elektrischen Schlag getroffen und wurde aus meinen Wachträumen gerissen. Jörg mus ähnlich wie ich vor sich hin gedöst haben. Wenn ich zusammenzuckte, schrak er auf und machte mich an, es klang nach „Blöder Kuh !", wirklich gesagt hat er es nicht. Er hatte bei der lahmen Fahrt noch weniger Lust als ich, an der Pinne zu sitzen. Er hing das Badelaken wieder als Sonnenschutz auf, cremte sorgfältig Nase und Ohrläppchen ein und fing an, seine Fingernägel zu bearbeiten, langsam und genau. Die nahe Küste bewegte sich überhaupt nicht, hinter dem Heck kräuselte sich das Wasser kaum. Von einem weit entfernt vorbeifahrenden großen Schiff waren die langgezogenen, aber immer noch hohen Wellen herangekommen, der Schwell, und ließen die „Samba" wie betrunken torkeln. Das Schiff war so weit weg gewesen, dass wir es schon lange wieder vergessen hatten. Jörg schrak zusammen und griff erst einmal ins Leere.

Fast wäre er über Bord gegangen. Eine einzige Möwe meckerte hämisch.

Jörg startete die Maschine. An die Pinne wollte er nicht. Er holte sich ein Buch aus der Kajüte, einen dicken Wälzer, ich glaube, es war „Der Herr der Ringe", damals ein ausgesprochenes Kultbuch, richtete sich wieder unter dem schützenden Badelaken ein und begann zu lesen. Zuvor hatte er mir den zu steuernden Kurs aufgegeben und mir auch gezeigt, auf welchen Schornstein an Land ich zuhalten sollte. Ich muss sagen, dass es recht gut ging, ich habe immer zuverlässig nach Kompass und Landmarken steuern können. Wenn nur nicht heute die verdammte Müdigkeit gewesen wäre.

Um nicht dauernd einzudösen und um meinen wilden Bildern zu entgehen versuchte ich ein bescheidenes Gespräch mit Jörg. „Was liest du da ?". Er drehte mir nur den Umschlag des Buches zu und signalisierte, dass er in Ruhe gelassen werden wollte. „Kannst du nicht den Einarmigen nehmen ?" „Den habe ich nicht mitgenommen !". Der elektronische Selbststeurer , den die Segler den „Einarmigen" nennen, hätte uns das Kurshalten abgenommen. Bei ruhigem Wetter ist er eine angenehme Sache. Wenn die See unruhig ist und der Wind bläst, spielt er verrückt.

In der flotten Fahrt unter Motor kam die Küste dann doch näher und man konnte den kleinen Ort gut erkennen. Der Hafen wurde durch einen nicht sonderlich hohen Wall aus großen Steinen geschützt, der die Anlage wie einen Ring umgab. Irgendwo musste die Einfahrt sein. Zu erkennen war sie nicht. Nirgenwo war etwas Auffälliges auszumachen, das auf die Einfahrt schließen ließ. Nach Seekarte und Hafenhandbuch musste eine

Tonnenreihe von der Ansteuerungstonne zur Einfahrt führen.

Über das Wasser hatte sich eine leichte Dunstschicht gelegt. Alles Farbige erschien blaugrau, das Bunte war getilgt. Dass die Tonnen der kleinen Häfen selbst durchweg recht klein waren, hatte ich an vielen Orten feststellen müssen. Schon manches Mal hatte ich eine der kleinen Tonnen trotz äußerster Aufmerksamkeit nicht finden können. Weil der Kurs nach wie vor stimmte und der besagte Schornstein sauber vor uns lag hatte ich jetzt keine Sorge. Jörg offenbar auch nicht. Allerdings machte es mich unruhig, dass ich immer noch nicht die Einfahrt erkennen konnte.

Das klare Wasser ließ inzwischen den Grund erkennen. Im hellen Sonnenlicht strahlte der weiße Sandgrund wie ein Spiegel. Ab und zu war eine Insel aus Bewuchs eingestreut, Algen wie Schlangen und Gras. Ich wusste, dass es hier für uns tief genug war. Ein Echolot, mit dessen Hilfe wir ständig die Wassertiefe unter dem Schiff hätten messen können, hatten wir nicht. Jörg ist immer vorsichtshalber auf reichlich tiefem Wasser gesegelt und ist nie in Schwierigkeiten geraten. In diesem Augenblick hätte ich gern ein solches Lot gehabt, denn wir sahen auf dem Grund immer mehr Steine, vor allem recht große. „Du, da sind mir zu viele Steine ! Guck dir das mal an !". Jörg legte langsam sein Buch beiseite, nachdem er das Lesezeichen hineingelegt hatte und sah ins Wasser hinunter. Irgend etwas muss ihn erschreckt haben, denn blitzschnell stieß er mit dem Fuß den Gashebel der Maschine zurück. „Was ist denn los ?" „Wo sind die Tonnen ?". Ich glaube, dass ich bei seiner Frage ein richtig dämliches Gesicht gemacht habe, denn ich hatte die Tonnen einfach vergessen.

Die Steine am Grund wurden immer größer. Immer deutlicher konnte man den Grund erkennen, einzelne Fische, kleine Krebse tauchten auf, huschten vor dem Schiff davon, wenn sein Schatten über sie hinwegglitt. Jörg nahm die Fahrt ganz aus dem Schiff und ließ sich von mir den Handpeilkompass aus der Kajüte holen. Erst nahm er den immer noch voraus liegenden hohen Schornstein ins Visier, dann einen Kirchturm , der mir bisher noch nicht aufgefallen war . Die Zahlen, die er vom Kompass ablas, wiederholte er laut für sich und stieg in die Kajüte hinunter.

Dass er mir keine Vorwürfe machte, hat mir keine Erleichterung verschafft. Ich hatte gepennt, und darüber konnte es gar keine Diskussion geben. Ich hätte auch keinen Versuch gemacht, eine Ausrede zu erfinden. In all den Jahren, die ich mit den Kindern allein war, hatte ich mir zur Regel gemacht, von ihnen keine Ausrede bei irgendwelchem Blödsinn zu verlangen. Ich hätte sie ja geradezu zum Lügen gezwungen. Ernst hat meine Einstellung immer geteilt. Er war überhaupt kein Mensch, der Vorwürfe machte. Bei ihm an Bord hatte ich schnell gelernt , dass man mit Vorwürfen keine Katastrophe meistern kann, sondern nur mit entschlossesnem Handeln. An mir selbst habe ich im Laufe meines Lebens auch erfahren, dass der härteste und unbestechlichste Richter das eigene Gewissen ist . Vorwürfe, selbst wenn sie gerechtfertigt sind lösen meistens nur Trotz aus.

Jörg hatte unseren Standort mit Hilfe seiner beiden Peilungen gefunden, gab Gas, das Schiff nahm vorsichtig wieder Fahrt auf. Die Einfahrt war im Dunst immer noch nicht zu erkennen. Wir erkannten sie erst , als wir unmittelbar davor standen. Einfach eine Lücke im steinernen Wall ! Auf der rechten Seite der Einfahrt ein winziges grünes Hütchen, das abends grün leuchtet, auf der linken

Seite ein ebensolches rotes. An die Stelle der alten Hütten der Fischer, in denen sie ihre Netze und anderes Zubehör früher gelagert hatten, waren neue Häuschen getreten. In einem von ihnen residierte der Hafenmeister, ein anderes enthielt die WCs und die Duschen. In einem dritten war ein Restaurant untergebracht, ein viertes war ein Supermarkt, der alles anbot, was ein Wassersportler gebraucht. Brot, Butter, Obst und Gemüse, Petroleum und Motoröl, Anker und Tauwerk, Badeleiter und Beschläge. Und alles vom Feinsten, Häuser, Waren und die Preise. Dafür war in dem recht hohen Hafengeld die kultivierte Dusche gratis enthalten.

Gottseidank mussten wir nicht schon wieder an einer hohen und ramponierten Kaimauer festmachen, vielmehr hatte man höchst komfortable schwimmende Stege ausgelegt, an denen das Anlegen und Festmachen ein Kinderspiel ist. In Bönnerup hatten wir schon den Einfluss von Ebbe und Flut der nahen Nordsee zu spüren bekommen und mussten unsere Festmacherleinen darauf einrichten. Wenn man nicht aufpasst , kann es passieren, dass man sein Schiff unter dem ablaufenden Wasser aufhängt. Mit diesen schönen neuen Schwimmstegen hatten wir diese Sorge nicht, denn die ganze Anlage steigt und fällt zusammen mit dem wechselnden Wasserstand.

Hunger hatten wir beide noch nicht, aber ein sehr dringendes menschliches Bedürfnis. Mit den kleinen Geschäften ist es an Bord kein Problem, wohl aber mit dem großen. Nicht nur die Art und Weise, wie man das Ausgeschiedene so entsorgt, dass nicht die nächste Yacht zwischen den Zeugnissen der letzten Mahlzeiten herumkurven muss, sondern mehr noch, wie man den faul gewordenen Darm zum Arbeiten anregt.

In leichtem Zeug sind wir losgegangen und haben gründlich erleichtert die Landschaft erkundet . Die Landschaft selbst gab nicht viel her, wohl aber, was sie so unscheinbar trägt. Der herbe Boden, steinig und fast ohne Humus war die Heimat wunderschöner, farbenfroher Blumen und Pflanzen. Einige schienen unserer Erika verwandt, der Heidepflanze, andere fast wie Erbsenblüten, wieder andere winzig klein und alle von unglaublicher Schönheit. Wir haben uns auf die Erde gelegt und das Wunder bestaunt. Jörg hatte seine Kamera mitgenommen und hat alles festgehalten.

In den Dünen kamen uns zwei junge Männer entgegen, hochaufgeschossene kräftige Kerle. Sie alberten herum. Offensichtlich hatten sie Langweile und ein Zuviel an Kraft. Wir schlenderten hin und her und gingen ihnen so unauffällig wie möglich aus dem Weg. Sie reagierten nicht, weil sie mit sich selbst beschäftigt waren. Einer rempelte den anderen an, stellte ihm ein Bein, versuchte , ihn zu Fall zu bringen. Als sie ein Stück hinter uns waren, drehten sie um und näherten sich uns. Es war offenkundig, dass sie uns aufs Korn genommen hatten. Mir war die Situation nicht ganz geheuer, denn Straßenraub gab es damals auch gelegentlich im sonst friedfertigen Dänemark.

Ich drehte mich immer wieder um, um die Bengel im Auge zu behalten. Jörg zeigte keine Regung. Als sie ganz dicht an uns herangekommen waren, riefen sie uns höhnisch und provozierend etwas zu, was schwerlich freundlich gemeint war. Jörg behielt die Nerven und rief ihnen auf deutsch zu : „ Wo sind denn eure Seestiefel ?". Das verstanden sie zwar nicht, begriffen jedoch, dass es ein Scherz war. Sie antworteten auf Dänisch, dieses Mal bedeutend freundlicher als zuvor. Verstanden haben wir es auch dieses Mal nicht.

Ich wusste genau, dass diese Sorte junger Burschen einen höllischen Spaß daran hat, anderen Menschen einen Schrecken einzujagen. Dieses Mal hatte es nicht funktioniert, und sie gingen wieder zur Tagesordnung über : ihre Langeweile. Aus dem Rempeln und Schubsen wurde mit einemmal eine handfeste Rauferei. Inzwischen hatten wir auch gesehen, dass die Milchgesichter noch nicht einmal zu zweit Jörg gefährlich werden konnten. Wenn sie uns angegriffen hätten, hätte ich mich bestimmt auch ganz kräftig gewehrt. Ich hatte schon erlebt, wie unangenehm Frauen einem Mann zusetzen können.

Die Prügelei schien für den schwächeren der beiden kritisch auszugehen, der Stärkere kostete seine körperliche Überlegenheit voll aus. Sie rollten sich im Dreck, drückten sich gegenseitig die Kehle zu, hielten sich im Schwitzkasten und knallten sich die Fäuste in Magen und an den Brustkasten. Vom bloßen Zusehen wurde mir schlecht . „Hau die mal auseinander !", sagte ich zu Jörg, „der Kleine kann ja schon keine Luft mehr kriegen." Jörg blieb stehen und sah den beiden ungerührt zu. Er lachte. „Genau wie bei uns !" „Ihr habt euch nie so brutal gekloppt !" „Wenn du zu Haus warst nicht, sonst schon !".

Ernst war 1970 an Land gegangen und hatte eine gute Anstellung in der Personalabteilung bei seiner Reederei bekommen. Er war der zweite Mann in der Abteilung, der erfahrungsgemäß immer für das Unangenehme herhalten muss. Wie häufig hat man ihn nachts aus dem Bett geholt und nach Bremen, oder sogar nach Antwerpen und Rotterdam geschickt , um die hitzigen Gemüter an Bord wieder miteinander auszusöhnen. Noch unangenehmer war es für den empfindsamen Mann, wenn er Kündigungen überbringen musste. Manche war mit sehr harten persönlichen Konsequenzen für den betroffenen Seemann verbunden.

Die Anstellung beim Arbeitsamt 1972 war uns allen wie eine Erlösung erschienen. Nur die Bezahlung nicht. Wenn ich meine Familie mit den drei Kindern durchbringen wollte, musste ich die Ausgaben auf das unbedingt Nötige beschränken. Den gewohnten und für die Jungs unbedingt notwendigen Urlaub in Duhnen hätte ich streichen müssen. Ich habe eines Abends Ernst vorgerechnet, wie weit wir mit seinem bescheidenen Gehalt kommen würden und angekündigt, dass ich halbtags arbeiten wollte. Dass Ernst sich meinen Berufswünschen immer widersetzt hatte, war mir noch gut im Gedächtnis geblieben. Jetzt sah es aber anders aus. Trotzdem hat es eine ziemlich harte Auseinandersetzung gegeben, in der ich meinen Standpunkt energisch verteidigt habe.

Als ich mit der Arbeit anfing, waren die Jungs neun, Karin zwölf. Von allen dreien, besonders aber von den Zwillingen gab es stummen Protest. Von einem Tag auf den anderen wurden sie wieder unselbständig, Uwe konnte mit einemmal keine Schleife in die Schuhbänder binden, die eingefahrene Aufgabenverteilung in der Hausarbeit klappte nicht mehr. So viel und so rauh wie jetzt hatten die Jungs noch nie miteinander gerauft. Karin hatte als erste Tritt gefasst und bändigte die Brüder mit harter Hand. Sie hat es so perfekt ausgerichtet, dass ich mir einbilden musste, dass nun alles in Ordnung sei. Diese Einbildung hat mir Jörg nun genommen.

Mit seiner Offenbarung wurde ich an das ganze Dilemma der damaligen Zeit erinnert. Wie jede berufstätige Ehefrau und Mutter hatte ich zunächst einmal dafür zu sorgen, dass ich funktionierte. Ich fühlte mich damals ähnlich in der Klemme wie jetzt. Alles, was ich tat, war in irgendeiner Weise falsch und für irgendeinen von uns zum Nachteil. Vieles sogar für die ganze Familie. Muße wurde zum Fremdwort und musste jedesmal regelrecht erkämpft werden. Aber dass es hinter meinem Rücken so hart zugegangen war, hat mich sogar jetzt noch getroffen.

Die beiden dänischen Butjes hatten nach einer Weile keine Lust zu weiteren Raufereien und marschierten friedlich vereint davon. „Genau wie Uwe und ich!". Wie unbarmherzig Kinder sein können! Das Raufen war für sie damals nur Spaß. Für mich war es zum Verzweifeln gewesen! Ohne die energische Karin wäre alles noch viel schlimmer für mich und die ganze Familie gewesen. Mir war zumute, als müsste ich mich jetzt, so viele Jahre hinterher, bei allen entschuldigen. Es hat wehgetan.

10. Kapitel

Übers offene Meer

Dass Jörg irgendwann den großen Sprung übers Kattegat wagen würde, war mir klar . Im Stillen hoffte ich, dass er es nicht tut und brav auf der jütländischen Seite bleibt. „Laesö", sagte er nur. Also doch. Einer der Deutschen, der neben uns gelegen hatte, muss Jörg das Maul wässrig gemacht haben. Er segelte eine große Hallberg-Rassy, eine Segelyacht der Superlative. Die meisten träumen davon, nur wenige können sie sich leisten.

„Laesö !", sagte er, als ließe er einen edlen Wein über seine Zunge rinnen. „Ein Traum !", ergänzte er. Er hielt nicht auf : „Natur pur !". Träumerisch fuhr er fort: „ Diese Ruhe ! Wer verirrt sich denn so weit über offenes Wasser ?". Vor Rührung musste er einmal mehr Luft holen. „Nichts für Anfänger und Leute mit schwachen Nerven !". Er richtete sich auf, als wolle er sich an die Brust klopfen.

Man konnte ihm glauben, denn er war ein gestandenes Mannsbild, Managertyp. Mir schoss eine Zeitungsnotiz in den Kopf, die über einen Vorstandsvorsitzenden , der seinen Betrieb in den Konkurs geführt hatte und mit einer Millionenabfindung und viel Lob in den vorzeitigen und unbeschränkten Ruhestand verabschiedet worden war. Dieser hier konnte es nicht gewesen sein, denn er strahlte Zuversicht und Vertrauen aus.

Wir hätten uns noch gern mit ihm über Laesö unterhalten, denn die Insel lebte für uns bislang nur auf dem Papier. Es ging nicht, weil er eine Gruppe von gleichfalls seriös wirkenden Menschen um sich geschart hatte. Jörg verstand, worüber sie redeten, für mich waren es böhmische Dörfer. Auf seinem Schiff hantierte eine junge Frau geübt mit dem Tauwerk. Sie hätte seine Tochter sein können, allerdings bewies ihr Schnmuck und ihre bemerkenswerte Kleidung, dass sie offenbar die Ehefrau des angegrauten Eigners war. Er führte das Wort in der Runde , wenn man den folgenden Vorgang in Betracht zieht, nicht ohne Häme seiner Zuhörer.

Die junge Frau war mit ihrer Arbeit fertig, verschwand für eine kurze Weile unter Deck und kam perfekt angekleidet wieder hoch. An ihr stimmte alles, die Kleidung, die Frisur, das Make up , die Schuhe, die Handtasche. Der Mann unterbrach seinen Monolog, um den in der Gruppe Herumstehenden Gelegenheit zur Bewunderung zu geben. Die junge Frau rief etwas zu ihm hinunter. Einer aus der Runde wiederholte : "Deine Enkeltochter will etwas von dir !".

Diese Ungeheuerlichkeit verursachte bei dem Mann einen hochroten, vor Zorn bebenden Kopf und ließ ihn abrupt schweigen. Den Umstehenden schien es Mühe zu machen, vor Lachen nicht herauszuprusten. Sie bekamen gleichfalls rote Köpfe, aber eben andere. Nach dem Abgang ihres Matadors setzten sie ihre Gespräche fort, so, wie man es tausendfach an den Stegen der ganzen Welt beobachten kann.

Der Wetterbericht war nicht sonderlich günstig. Er verhieß schwache Winde und dazu aus östlichenRichtungen, also gegenan. Zum Glück drehte er im Laufe des Tages auf Südost, aber leider zu schwach, um vernünftig voranzukommen. Für ganz kurze Zeit drehte er sogar weiter und erlaubte uns den Spinnaker. Hinterher war das Wasser blank wie Blei. Den Rest mussten wir doch noch unter Motor laufen.

„Meistens habt ihr doch ganz ordentlich zusammen gespielt," nahm ich den Faden von gestern Abend wieder auf. „Ja, aber manchmal hat es mehr Spaß gemacht, uns zu prügeln !" „Das hat Karin doch nicht mitgemacht ?" „Gekloppt hat sie sowieso nicht. Sie hat uns angeschrien und uns an den Haaren auseinandergezogen ! -Ihr Idioten, lasst das nach ! -" „Und was habt ihr gemacht ?". „Als wir größer geworden waren, haben wir sie ausgelacht. Einmal haben wir sie auf den Schrank gesetzt !".

Karin hat mit ihren Brüdern in einem nicht sehr großen Zimmer gelebt, bis sie auszog. Ich hatte mit Ernst beschlossen, dass wir Eltern wieder, wie schon früher, auf einer Schlafcouch im Wohnzimmer schlafen wollten, damit Karin ein eigenes Zimmer bekommen konnte. „Ich bleib bei meinen Brüdern !", hat sie protestiert und ließ sich nicht umstimmen. Auch die Brüder bestanden auf dem status quo. Recht verstanden haben wir es damals nicht, denn Karin war für ihre Brüder häufig eine sehr unbequeme Erzieherin. Die Bindung der Drei aneinander war eben stärker. Manches deutet darauf hin, dass es auch heute nicht viel anders ist.

Die Erinnerung an die damalige Zeit hat mich fast die ganze Überfahrt beschäftigt. Jörg offenbar auch. „Erinnerst du dich an die Lego-Eisenbahn ?" „Wie sollte ich nicht ? Wegen eurer Geisterbahn konnte ich nur einmal in der Woche staubsaugen !" „Wir haben jedesmal getobt, weil wir die Anlage abbauen und wieder aufbauen mussten !" „Und jedesmal wurde die Anlage schöner !".

Eine Logge besaß die „Samba" nicht, einen Geschwindigkeitsmesser. Auch kein anderes technisches Hilfsmittel, mit dem wir unseren Schiffsort hätten feststellen können. Fast alle Yachten haben damals die sogenannte Koppelnavigation betrieben. Man schätzt den Einfluss des Windes und der Strömung so genau wie möglich ab, legt den zu steuernden Kurs fest und bestimmt aus der geschätzten Geschwindigkeit und der gesegelten Zeit den zurückgelegten Weg. Wenn man die Stromverhältnisse in dem betreffenden Seegebiet gut kennt, kommt man zu recht ordentlichen Ergebnissen.

Im Grunde brauchten wir hier überhaupt nicht zu navigieren. Wir mussten uns nur an die vielen Yachten hängen, die das gleiche Ziel wie wir hatten : Laesö ! Jörg hatte von Ernst gelernt, dass man sich nie auf die Navigation anderer verlassen darf. Er hat häufig den Berichten von segelnden Freunden zugehört und sich seinen Reim darauf gemacht. Und der lautete immer wieder: Verlass dich nur auf dich selbst !.

Aus der Dunkelheit vor uns leuchtete der Himmel von der Kimm bis hoch in den Raum hinein. Das Zeichen, dass Laesö genau vor uns lag. Eine Weile später sahen wir die ersten Lichter. Bis wir den Hafen erreicht hatten, dauerte es noch einmal fast zwei Stunden. Ich war aufgeregt, wie ich es bei jedem Einlaufen bin. Die Segel hatte ich längst geborgen und gut befestigt, das Deck war fertig aufgeräumt. Jörg hatte sich noch einmal sorgfältig die Seekarte und das Hafenhandbuch angesehen und steuerte so sicher in den Hafen, als wäre er täglicher Gast .

Inzwischen war es dunkel geworden. Die starken Lampen an Land machten die Orientierung leicht. Die vielen Yachten, die den gleichen Weg wie wir hatten, hätten uns warnen müssen. Der Hafen lief über vor Segel- und Motorbooten ! An der Pier war nirgendwo Platz. Die Schiffe lagen zu viert und zu fünft nebeneinander im Päckchen an der hohen, ziemlich heruntergekommenen Betonpier. Ich musste mal und wie immer , im ungünstigsten Augenblick. Unser Nachbar nahm ziemlich unfreundlich unsere Festmacherleinen an und gab uns zu verstehen, dass er nicht gestört werden wollte.

Überall war noch Leben, es waren fast nur deutsche Schiffe hier. Unruhe lag über dem Hafen, aber nicht die Mittsommerfröhlichkeit der Einheimischen. Auf vielen Schiffen saßen Menschen beisammen, redeten miteinander, tranken und wurden immer lauter, je mehr sie getrunken hatten. Ständig liefen Leute über die nebeneinander liegenden Boote, stolperten, fluchten, stellten sich Männer pinkelnd an die Reling. Für einen Landgang war es viel zu spät und auch zu dunkel. Wir haben uns nur noch kurz geputzt und sind in die Koje gegangen. „Hast du dir Laesö so vorgestellt ?" „Ich hab ja noch gar nichts von Laesö gesehen . Mal sehen, wie es morgen geht . Gute Nacht !".

Am frühen Morgen hat uns lautes Klopfen geweckt. Der Hafenmeister kam zum Kassieren. Was er an Kronen verlangte war empörend. Wir hätten zwar meckern können, aber bezahlen mussten wir auf jeden Fall. Ich habe mich angezogen und bin losgezogen, um Brötchen zu holen. Der Ort und die umliegende Landschaft, sofern ich sie erkennen konnte, waren in meinen Augen nicht einladend. Auf dem Rückweg traf ich den deutschen Segler, der Jörg die Insel Laesö in glühenden Farben geschildert hatte. „So hab ich mir Laesö nicht vorgestellt !" sagte er entschuldigend. Ich habe Jörg berichtet. Gesagt hat er nichts. Er brauchte nichts zu sagen. Wir haben gefrühstückt und sofort abgelegt. Keiner von uns hat ein Wort über dieses Zwischenspiel verloren.

Dieses Mal war uns Neptun gnädig und bescherte uns genau den achterlichen Wind, den man braucht, um sich von dem riesengroßen, bunten Vorsegel, dem Spinnaker, ziehen zu lassen. „Bleib man hier, bis der Spi steht !". Die vielen Handgriffe, die nötig sind, den Spi aufzuziehen und richtig wehen zu lassen, hatte ich manches Mal erlebt und dabei immer geholfen. Wenn ich Jörgs angespanntes Gesicht sehe, dann muss es jedesmal nicht ganz einfach gewesen sein. Das sei ganz simpel, hat er gemeint. „Kurs halten ! Pass doch auf, Mensch !". So hatte mich Jörg ein paar Mal angebölkt, wenn ich das Schiff nicht recht auf Kurs gehalten und der hin und her torkelnde Spi ihn eingewickelt hatte. Das sah so lustig aus, dass ich lachen musste und in ein bitterböses Gesicht sah, wenn er sich aus der Tuchmasse befreit hatte.

Dieses Mal ging es ganz schnell. „Ich brauch dich nicht mehr !". Er übernahm die Pinne mit der einen Hand, mit der anderen führte er eine der beiden Spinnakerschoten, mit denen das Segel zum Wind eingestellt wird. Aus der Kajüte heraus sah ich, wie es weiterging. Mal gebrauchte er beide Hände für das Segel und steuerte mit dem Hintern, dann wieder reichte auch das nicht und er nahm ein Tau zwischen die Zähne. Die flotte Fahrt ließ ihm keine Sekunde Ruhe, immer wieder musste eine Einstellung verändert werden, alles an ihm war in ständiger Bewegung. Er strahlte wie ein Kind zu Weihnachten, dem die Eltern den Lieblingswunsch erfüllt haben.

Bevor Lisa an Bord kommen sollte, hatte ich mit Jörg abgesprochen, wie die Ausrüstung verstaut werden sollte. Lisa sollte ein klar abgegrenztes eigenes Reich bekommen, auch wenn dies nicht sonderlich praktisch war. Für mich war kein Platz vorgesehen, denn ich war ja nur auf Abruf an Bord. Meine Sachen blieben in meiner Reisetasche. Nun musste ich mich auf Dauer einrichten. Die eine Backskiste wurde leergeräumt, meine persönlichen Sachen hinein, das Leergeräumte in ein anderes Loch, das aber auch erst einmal leergeräumt werden musste. Und so weiter. Das Schiff benahm sich höchst manierlich, bewegte sich nur ganz leicht und weich, in der Kajüte blieb es angenehm kühl. Ab und zu sah ich zu Jörg hinaus und weidete mich daran, wie geschickt er mit all den Tauen und mit der Pinne umging.

Es hat sicher eine ganze Weile gedauert, bis ich mit meiner Arbeit fertig war. Ich hatte Hunger und Durst bekommen und machte ein zweites Frühstück mit gut belegten Broten und einem großen Pott Kaffee für uns beide. Jörg sah mich und machte Platz, so gut es ging. Er hatte keine Hand frei. Gerade jetzt hielt er eines der Taue zwischen den Zähnen. Ich stellte das Tablett mit dem Frühstück ab, übernahm die Pinne und die Spinnakerschot. Wir haben mit unserer freien Hand so gearbeitet, als wären wir ein einziger Mensch mit zwei Händen und einem einzigen Gehirn. Ich glaube nicht, dass man dieses ungeheure Gefühl der Gemeinschaft überhaupt beschreiben kann.

Dann drehte der Wind, und wir mussten den zusammenfallenden Spi wieder einholen. Fortan ging es ruhiger zu als vorher, allerdings verlor das Schiff sehr an Fahrt. Alles Gefühl stieg aus der Höhe wieder herab in das Normale, fast Langweilige.

Beim Umstauen vorhin waren mir meine schmutzigen Sachen vor die Füße gefallen. Auf so engem Raum verbreiten schmutzige Klamotten leicht einen ekligen Geruch. Nun ging es so ruhig und behäbig zu, dass ich anfangen konnte, Zeugwäsche zu machen. Ich machte mir einen Kessel heißes Wasser und wusch in einer winzigen Schüssel alles schmutzige Zeug, das mir unter die Finger kam. Frischwasser hatten wir genug, denn Jörg hatte auf Laesö noch Wasser genommen, obgleich es schwierig war, den begehrten Schlauch zu ergattern und über die drei Nachbarschiffe zu uns zu holen. Nun wehte die

Wäsche an der Reling. Bis wir einliefen, würde alles längst im Wind trocken geworden sein. Und Jörg wäre zufrieden .

Er knurrte. Ich wusste genau, warum. Auf keiner Reise war ich auf die blödsinnige Idee gekommen, mit dem bescheidenen Frischwasservorrat Zeugwäsche zu machen. Schon heute Abend mussten wir wieder Wasser tanken. Das kostete nichts, war jedoch mit einiger Arbeit verbunden. Am Ende eines schönen Segeltages durfte zwar das Schiff aufgeklart werden und ich durfte Essen kochen, aber im Übrigen war sanfte Harmonie ohne hektische Arbeit angesagt. Die abendliche Wanderung war ein ganz wichtiger Teil davon.

In Jörgs Philosophie hatten die notwendigen täglichen Verrichtungen vormittags nach dem Frühstück und kurz vor dem Auslaufen zu geschehen. Unser Wasservorrat war zweigeteilt. Im fest eingebauten Tank war das Waschwasser für die Körperpflege und und für den Hausputz, ein kleinerer, handlicher Tank enthielt das Wasser für Essen und Trinken und wurde täglich gereinigt und neu gefüllt. Mit einer Ausnahme, dieser hier, hatte ich bislang die Zeugwäsche immer im Hafen erledigt. Überall konnte man die Frauen - seltener Männer- sehen, wie sie unter fließendem Wasser den Schweiß aus Hemden und Hosen herausspülten. Ausgesprochenen Schmutz gibt es auf See nicht.

Eine Weile hatte ich gelesen. Nun war es mir langweilig geworden, dieser Teil des Buches war nicht der beste. Ich setzte mich zu Jörg. Er drückte mir die Pinne in die Hand und wies mit dem Kopf auf den Kompass. „Halt man so weiter !". Lesen wollte er noch nicht wieder. Er blieb neben mir sitzen und sah in die Runde. Irgend etwas gibt es auf See immer zu beobachten, und wenn es die lustigen kleinen Wellen sind, die miteinander spielen.

Der Wind hatte in den vergangenen Tagen und Stunden mehrfach gedreht und jeder Wind hatte in den Wellen seine Spuren hinterlassen. Die größeren Wellen, recht lang und weich und von Jörg darum als „alt" apostrophiert, liefen fast rechtwinklig zu unserem Kurs, kleinere, unruhige Wellen, einige mit winzigen Schaumkämmen, hielten fast den gleichen Kurs wie wir. Andere liefen von wer weiß woher auf uns zu und wieder von uns weg. Die größeren Wellen, die der Seemann wohl Dünung nennen würde, hoben und senkten das Schiff im gleichmäßigen Rhythmus. Die kleineren ließen es ein wenig torkeln.

„Möchtest du in blau und weiß segeln ? Wie der Blödmann gestern ?", fragte mich Jörg. „Jedenfalls sieht es gut aus !". Jörg schüttelte sich. Für die Mode der Segler aus Kaisers Zeiten haben die jungen Leute keinen Sinn. Auch bei den älteren Seglern haben sich die Vorstellungen von Mode geändert. Es mag damit zusammenhängen, dass das Segeln früher einer bestimmten, recht wohlhabenden Schicht vorbehalten war, die ohnehin ihre eigenen Kleidungsgewohnheiten zur Schau trug. In diesen Jahren konnten sich viele den Luxus des Segelns leisten, auch wenn dabei die Haushaltskasse ständig Ebbe zeigte. Seit die Jeans salonfähig geworden sind, sei die Kultur der Kleidung sowieso auf den Hund gekommen meinen manche, die wie unser Laesö-Freund, weiter auf Klassik in der Kleidung setzen. Segeln in der Badehose wäre für ihn ein unverzeihlicher Verstoß gegen jede Etikette. Den Bikini der Damen, je kleiner, je lieber, tolerieren sie allerdings genüsslich. Wie diese steifen Deutschen zur unbefangenen Nacktheit der schwedischen Familien auf ihren Schiffen stehen, habe ich nie erfahren. Ich mochte es, nur war es mir kaum jemals warm genug.

In den nächsten Stunden ließ der Wind wieder nach. Ab und zu briste es ein wenig auf, und das Schiff bewegte sich ruhig von der Stelle. Dann war der Wind wieder weg, und wir torkelten in der kabbeligen See. Die halbe Distanz von der Insel Laesö nach Skagen hatten wir hinter uns. Wir hatten Zeit. Der geldgierige Hafenmeister hatte dafür gesorgt, dass wir zeitig ausliefen.

Je weiter wir nach Norden kamen, um so deutlicher wurde uns bewusst, dass die Nächte kürzer als weiter im Süden waren und heller blieben. Wenn ich recht erinnere, war es eigentlich nur zwei, drei Stunden richtig dunkel gewesen. Außerdem war gute Sicht, bei der man die Leuchtfeuer und die Tonnen gut ausmachen konnte. Die Lichter flammten auf, sobald die Dämmerung einsetzte, lange, bevor es richtig dunkel war.

Es war die erste Nacht auf dieser Reise, dass wir nach Leuchtfeuern navigierten. Vor Laesö war es im Grunde die Straßenbeleuchtung gewesen und die hellen Lampen am Hafen, die uns den Weg gewiesen hatten. Nur in der Einfahrt selbst mussten wir uns nach den lächerlich kleinen roten und grünen Feuern richten.

Die Sonne ging wie ein ungeheurer Feuerball unter. Einige flache Wolkenfetzen darüber machten aus dem Sonnenuntergang ein Gemälde, das ein moderner Maler sicher als Kitsch abgetan hätte. Uns hat es fast den Atem verschlagen. Keiner von uns hat etwas gesagt. Erst als die Sonne unter der Kimm, dem Horizont, verschwunden war, löste sich bei uns die Spannung. Wir hatten beide die Luft angehalten und atmeten nun wieder freier.

Ich übernahm die Pinne, Jörg stieg nach unten in die Kajüte und ließ sich von mir die Kennung eines

Leuchtfeuers geben, das uns seit einiger Zeit begleitet hatte. Ich zählte langsam das Kurz-Lang der Lichterscheinung mit und stoppte die Zeit für einen ganzen Umlauf, von Anfang bis zum nächsten Anfang, die sogenannte Wiederkehr. „OK !", sagte Jörg nur und setzte sich zufrieden neben mich. Eine Weile später kam das mickrige Licht einer Leuchttonne in Sicht. Auch über ihre Kennung war Jörg zufrieden.

Das Leuchtfeuer war schon das von Skagen gewesen. Es ist über viele Seemeilen zu sehen. An Jörgs Gelassenheit war abzulesen, dass die Navigation keine Schwierigkeiten bereitete. Wie schon bei der Ansteuerung von Laesö markierte ein heller Schein über der Kimm den Ort. Und wie dort blinzelte ein rotes und ein grünes Licht von den Molenköpfen der Einfahrt.

11. Kapitel

Skagen - Astol

Nach der Erfahrung mit Laesö hatten wir uns während der Fahrt nach Skagen das Hafenhandbuch gründlicher angesehen. Laesö sei während der Sommermonate ständig überlaufen. Die Fischerei hätte immer noch das Sagen im Hafen. Die Einrichtungen für die Sportschiffahrt seien verbesserungsbedürftig. Von besonderem landschaftlichem Reiz sei die Nordküste mit wunderschönem Sandstrand. Das, was den Hafen betrifft war noch geschmeichelt. Wenn wir das Hafenhandbuch rechtzeitig gelesen hätten, wären wir wahrscheinlich nicht auf Laesö hereingefallen.

Unter Skagen fanden wir ganz ähnliche Eintragungen. Die Hafenanlagen in Skagen waren tatsächlich nüchterne, nur auf Kommerz ausgerichtete Einrichtungen für Fischerei und Frachtschiffahrt. Trotzdem waren die Hafengebühren die höchsten unserer ganzen Reise. Und trotzdem drängten sich die Segelyachten an den wenigen Plätzen, die für die Sportschiffahrt freigegeben waren. Mir kamen Erinnerungen an Helgoland, wo sich die Yachten gleichfalls drängen und genau so unfreundlich behandelt werden wie auf Laesö und jetzt in Skagen.

„Ob Vater jemals mit uns diesen Törn gemacht hätte ?", sinnierte Jörg. Was er von den Reisen der kleinen Schiffe in der südlichen Ostsee hielt, hat er nie verhehlt. Nämlich gar nichts. Gegenüber diesem Seegebiet, dem Kattegat und dem Skagerak, hatte er noch größere Bedenken. Ich hatte auch mehrfach versucht, ihn zu einer Busreise in den Süden Norwegens zu überreden und war immer ziemlich heftig abgewiesen worden. Ich wusste aus Andeutungen, wie sehr ihn die Versenkung seines letzten

Schiffes kurz vor Kriegsende getroffen hatte, bei der viele Menschen ums Leben gekommen waren. Über das Drama im Einzelnen hat er nie gesprochen.

Jörg hatte mich auf der Fahrt nach Skagen an die erste Zeit erinnert, als sein Vater endlich an Land gekommen war und in der Personalabteilung der Reederei arbeitete. „Wenn Vater abends nach Haus kam, war mir lange Zeit so, als wäre er nur für ein paar Tage oder sogar nur Stunden bei uns und müsste wieder weg !" „Hast du denn Angst gehabt, dass Vater wieder zur See fährt ?" „Nein, er war für mich noch gar nicht richtig bei uns !". Ich überlegte. Bei mir muss es ganz ähnlich gewesen sein, nur, dass bei mir die Angst vor der neuerlichen Enttäuschung bestimmend war.

Die beiden Jahre, die Ernst in der Personalabteilung der Reederei beschäftigt war, zuletzt als deren Leiter, mühten wir uns alle, endlich ein normales Familienleben zu führen. Es ist uns nie geglückt. Die Kinder hatten von ihrem Vater kaum mehr als früher. Im Gegenteil, das letzte der beiden Jahre in der Personalabteilung belastete Ernsts Gesundheit so sehr, dass er häufig die Kinder abwies, weil die Kräfte einfach nicht mehr reichten. Diese Erkenntnis hat ihm sehr zugesetzt. „Ich bin ein schlechter Vater !", hat er manches Mal gesagt. Ich hatte Jörg an diese Ausage seines Vaters erinnert. „Das ist doch totaler Quatsch. Er war immer ein phantastischer Vater ! Was haben wir von ihm alles gelernt ? Wie haben wir mit ihm über Gott und die Welt diskutiert !".

Ich hatte keine Lust, Jörg zu widersprechen. Er hat nicht sehr oft mit Ernst diskutiert. Jörg war der aufmerksame Zuhörer, der wohl fragte, aber wenig diskutierte. Das war Uwe. Vater und Sohn gerieten sich regelmäßig in die Wolle, sobald sie ein Gespräch miteinander angefangen hatten. Für Uwe waren alle Menschen gleich gut. Die üblen Erfahrungen seines Vaters mit aufgeblasenen Hafenbeamten und vielen Unzulänglichkeiten in den ehemaligen Kolonien in Westafrika bestritt er. „Das stimmt doch alles nicht, was du erzählst. Die Farbigen sind jahrzehntelang ausgebeutet worden und haben jetzt ein Recht darauf, das man fair über sie urteilt !!". Ernst war fast immer sehr ruhig bei diesen Diskussionen geblieben, was offenbar Uwe nur weiter reizte und ihn wütend machte. Diese fast täglichen Streitereien habe ich gehasst. Besonders als ich angefangen hatte zu arbeiten, gingen sie mir furchtbar auf die Nerven.

Von Laesö nach Skagen stand der Wind günstig, sodass wir wieder unter Spinnaker segeln konnten. Er wehte auch so beständig, dass wir die Schoten unbesorgt belegen konnten und damit alle Hände frei hatten. Man musste nur einigermaßen aufmerksam Kurs halten. Wirklich unbesorgt segelt kein Segler. In kurzen Abständen lässt er den Blick über das ganze Schiff kreisen, über die Segel, das Tauwerk, den Mast und die Drahtseile, die ihn halten, die er Wanten und Stagen nennt. Diese Aufmerksamkeit war inzwischen uns beiden so gewohnt, so eingefleischt, dass es keine Anspannung mehr war, sondern ein Automatismus. Von unseren Gesprächen hat es uns nicht mehr abgelenkt.

Die hitzigen Diskussionen zwischen Uwe und seinem Vater haben uns noch eine Weile weiter beschäftigt. Einen Gedanken, den Jörg ins Gespräch brachte, fand ich bemerkenswert. Karin und er, vor allem ich, die Mutter, seien noch so sehr in den Gewohnheiten der Seefahrtszeit von Vater verhaftet gewesen, dass sie jeden Streit vermeiden wollten. Denn solange Ernst zur See fuhr, hatten wir uns auf keinen ernsthaften Streit eingelassen, weil die wenige Zeit, die uns damals blieb, dafür zu schade war.

Ich war manchmal nicht sicher, was Ernst wirklich dachte, was er fühlte, wie er zu seiner Familie stand. Im gewöhnlichen Gespräch verweigerte er sich und lächelte nur. Ich hätte ihn also aus seiner Reserve locken müssen, ihn provozieren, um endlich das zu hören, was ich für notwendig hielt. Uwe hat es geschafft. Manchen Gedankengang von Ernst habe ich nur auf diesem Weg erkennen können. Leider nur wenig von dem, was ihn selbst, sein Inneres betraf. Uwe hat also im Grunde genommen seinen Vater endlich an Land und in seine Familie geholt. Nur durch ihn ging es so selbstverständlich zu wie in einer „normalen" Familie.

Auf der Fahrt von Laesö nach Skagen lief gelegentlich eine kleine Welle über das Vorschiff, ein paar Spritzer kamen über. Alle huschten über das niedrige Deck des Bootes hinweg und nässten uns allmählich von oben bis unten durch. Trotz des warmen Wetters mussten wir Ölzeug tragen. Ich kam mir vor wie in einer Sauna. In Skagen würden wir gründlich duschen und das Salz aus unserer Kleidung herausspülen.

Die WC- und Duschanlage war in Skagen wohl sauber, aber in allem ziemlich abgenagt. Ich zog mich aus, steckte das notwendige 5-Kronen-Stück in den Automaten und genoss aus ganzem Herzen die Erwartung auf das köstliche warme Wasser. Zuerst kam es kalt aus dem Duschkopf. Das war auch anderswo häufiger passiert, wenn längere Zeit die Dusche nicht benutzt worden war und das warme Wasser erst nachfließen musste. Hier blieb es aber kalt und wurde sogar immer kälter. In der Männerabteilung konnte ich Jörg singen hören. Er muss allein gewesen sein. „Ist bei dir das Wasser auch kalt ?". „Nö, wunderschön heiß ! Bei dir nicht ?" „Nein, eiskalt, igitt !". Nach einer kleinen Pause gröhlte er durch die Wand hindurch : "Komm doch hierher, hier ist keiner außer mir". Ich habe mich aber doch nicht getraut und lieber zähneknirschend und wütend kalt geduscht. Mich fror entsetzlich.

Zum Glück hatten wir noch einen Rest Rum. Ich habe mich in eine Wolldecke eingewickelt, hab mich ganz klein gemacht und den Grog voller Inbrunst geschlürft. Danach war mir wieder wohler und ich bekam sogar Lust auf den obligaten Abendspaziergang. Eigentlich wollten wir an die Jammerbucht, eine flache Bucht westlich von Skagen, die in den vergangenen Jahrhunderten unendlich vielen Schiffen zum Verhängnis geworden ist. Die Asphaltstraße, die dorthin führte, erschien uns zu öde. Wir haben für gewöhnlich einen Weg den Strand entlang genommen, weil er interessanter ist. Auf jedem Streifzug haben wir schöne Muscheln gesammelt, hübsche Federn aufgelesen und uns an bezaubernd gemusterten Steinen erfreut. Die Zeit hätte heute vielleicht gereicht, aber unsere Füße wollten nicht. Weil die Füße beim Segeln kaum benutzt werden, wird die Haut weich und empfindlich. Wir haben uns häufig Blasen an den Füßen erlaufen. Hier war es besonders schlimm und schmerzhaft. An Bord wollte Jörg genauer wissen, wie weit es noch bis zur Jammerbucht gewesen wäre und zeigte mir die Seekarte. „Da wären wir nie hingekommen. Das sind ja - Moment mal - fast zwanzig Kilometer !".

Die vorherrschende Windrichtung war Südost gewesen, wie sie bei beständiger Wetterlage im Sommer häufig ist. Sie bringt den heißen, trockenen Wind aus Nordafrika zu uns. Jörg hat jeden Abend und nach Möglichkeit auch morgens einen ausführlichen Wetterbericht genommen, wenn es ging einen in deutscher Sprache. Hier konnte er nur auf Wetterberichte in Englisch und Dänisch zurückgreifen. Es hat ihm keine Mühe bereitet, denn die wichtigsten Ausdrücke lernt man schnell. Ein Randtief war in weiter Ferne. Solange wir auf der Festlandsseite blieben, würde es uns nicht sonderlich stören. Noch nicht einmal der Regen, der für uns Segler meistens unangenehmer ist als eine Mütze Wind.

„Jetzt segeln wir zurück ?". Keine Antwort. Ich fragte wieder. Mir schwante etwas : „Du willst doch nicht quer über das ganze Kattegatt segeln !" „Doch !". In mir stieg Angst hoch. Andererseits war mir das weite Meer ohne jede Landsicht aus den Reisen mit Ernst vertraut und keineswegs unheimlich. Verlockend auch das Erlebnis Hohe See. In meinem Körper wohnten nicht nur zwei Seelen, es waren viele, die miteinander redeten und stritten. Jörgs äußere Gelassenheit übertrug sich auf mich. Einige Tage danach hat er mir bekannt, dass auch in ihm eine gehörige Portion Angst gewesen sei. Die Abenteuerlust eines jungen Menschen hat dann schließlich bei ihm gesiegt.

Jörg hat noch einmal sorgfältig Segel und Takelage inspiziert, ich denke, sorgfältiger als sonst , hier und da noch etwas besser befestigt, die passenden Segel für das mögliche rauhere Wetter bereitgelegt, an Deck von vorn nach achtern in der Schiffsmitte ein dickes Tau als Sicherheitsleine angebracht, den Motor untersucht , den Ölstand kontrolliert und die Maschine noch einmal zur Probe laufen lassen. Schwimmwesten und den persönlichen Sicherheitsgürtel, den Lifebelt, hatten wir immer zur Hand und häufig auch angelegt.

Am nächsten Tag wollten wir die abgebrochene Wanderung in Richtung Jammerbucht vollenden. Freunde hatten uns berichtet, dass man gerade dort die Trennlinie zwischen Nord- und Ostsee besonders gut beobachten könne. Wir waren ungewöhnlich früh aufgestanden. Am

Himmel sah ich aufkommende feine Streifenwolken, Cirren und Flocken, das sichere Zeichen für einen Wetterumschwung. „Lass uns noch heute rübergehen, am besten sofort !", hatte ich Jörg gewarnt . Er tat so gelassen, dass es mich wieder ärgerte. Das Frühstück nahmen wir noch in Ruhe. Dann sagte Jörg : "Wir gehen sofort los ! Klar vorn und achtern !". Den Frühstückstisch haben wir gar nicht erst abgeräumt, sondern sind sofort in unsere Segelsachen gestiegen, Fleece, Ölzeug, Schwimmweste und Lifebelt.

Auf der Fahrt von Laesö nach Skagen hatte ich von Ernst berichtet, der mehrmals gesagt hatte, dass es hier oben mindestens eine Woche wehen würde, wenn das Wetter erst einmal umgeschlagen ist. Jörg konnte sich genau wie ich daran erinnern. Auf der einen Seite war ich zufrieden, dass Jörg so schnell reagiert hatte, auf der anderen Seite war mir klar , dass das schlechte Wetter uns durchaus während der Überfahrt einholen konnte. „Wie weit ist es bis nach drüben ?" „Fast vierzig Seemeilen !", das sind fast 80 km völlig ungeschützt über ein Seegebiet, das keinen besonders guten Ruf hat. Ich habe nichts weiter gesagt , aber ich hatte Schiss, wenn dieses ehrliche Wort erlaubt ist. Jörg gab mir Vertrauen. „Nun denn, los !". Ich habe tief Luft geholt und die Leinen losgeworfen.

Das Aufklaren unten in der Kajüte war dieses Mal recht mühselig. Das Schiff bockte in der schon rauher gewordenen See. Ich musste mich mit dem Unterleib und den Beinen festkeilen, um nicht umzufallen. Ab und zu gab es einen harten Schlag, der mich trotzdem von den Füßen warf und mir einige blaue Flecken bescherte. Immer wieder polterten Gegenstände von irgend woher und mir vor die Füße. Einer nach dem anderen fand seinen sicheren Platz. Leider häufig so, dass wir hinterher lange danach suchen mussten.

Ich hatte nicht gewagt, mein Ölzeug auszuziehen, weil ich so schnell wie möglich wieder in die Plicht wollte. Unten in der Kajüte war mir unheimlich. Mir war nicht sehr wohl und vor allem furchtbar heiß. Jörg hatte das Schiebeluk zugezogen, weil immer mehr Spritzer überkamen. Es wurde immer heißer. Dann bekam ich dunkle Schatten vor meinen Augen und wäre wohl in Ohnmacht gefallen, wenn ich nicht alles im Stich gelassen und nach oben an die frische Luft geklettert wäre.

Der Wind hatte schon zugenommen und gedreht. Er kam schräg von vorne und tauchte das kleine Boot unaufhörlich in Wolken von Gischt. Die Wellen waren nicht sonderlich hoch, aber steil und aggressiv. Jörg übergab mir die Pinne, um sich um die Navigation zu kümmern. Bei dem überhasteten Auslaufen hatte er weder unser Ziel in den schwedischen Außenschären noch den zu steuernden Kurs festlegen können. Das Ziel sollte nun ein recht breiter Fjord sein, weil Jörg nicht sicher war, den notwendigen Kurs auch tatsächlich halten zu können. Wir kannten weder die Strömung, die hier beträchtlich sein konnte, noch ließ sich bei der rauhen See das Schiff exakt auf Kurs halten. Er hat aus seiner Besorgnis keinen Hehl gemacht. Ich fühlte meine Angst bestätigt, sagte mir aber, dass es unmenschlich gewesen wäre, ihn damit zu belasten. Es war ja auch für ihn das erste Mal, dass er in solchem Umfang Verantwortung trug.

Für einige Stunden hielt sich das Wetter, und manchmal schien es sogar, als würde der Wind wieder abnehmen und auf Süd drehen. Dann hätten wir den Wind von der Seite, würden ruhiger in der See liegen und bekämen nicht so viele Duschen wie zuvor. Jörg hatte ausgerechnet, dass wir mindestens 8 Stunden unterwegs sein würden, vielleicht sogar mehr. Nun frischte der Wind wieder auf, das Großsegel musste gerefft, verkleinert werden. An die Pinne wollte ich nicht, ich schaffte es einfach nicht mehr. An Deck wollte mich Jörg nicht lassen, es sei zu gefährlich. Ich bin trotzdem einfach auf allen Vieren nach vorn gekrochen,habe mich an der Sicherheitsleine eingeklinkt, mich mit den Beinen um den Mast an die Arbeit gemacht. Den Rest musste ich im Stehen erledigen, wieder sorgsam gesichert und dennoch hin und her geworfen. Die blauen Flecke konnte ich am Ende der Reise nicht mehr zählen.

Das Schiff hatte sich mit der verkleinerten Segelfläche wieder etwas aufgerichtet. Während einiger Böen meinte ich, mein letztes Stündlein sei gekommen, so flach legte sich das Schiff aufs Wasser. Jörg versuchte, mich zu beruhigen. Das Folkeboot sei ein ungewöhnlich seetüchtiges Boot, und ich brauchte keine Angst zu haben. Ich habe ihn nur ungläubig angesehen. Angst hatte ich trotzdem.

Inzwischen fing es an zu regnen. Die Sicht war nur dürftig. Ich schätze, dass man keinen Kilometer weit sehen konnte. Und dabei sollten wir in einem Gewirr von Steinen die richtige Enge finden, die einzige, die uns einigermaßen ungefährdet in den Schärengarten führen würde. Zum Glück für mich sind diese Gedanken mir erst gekommen, als alles überstanden war. Zwischendurch musste ich immer wieder die Pinne übernehmen und hatte hart zu kämpfen. Jörg nahm immer wieder das Fernglas in die Hand, sah immer wieder auf die Karte unten in der Kajüte, während ich mit dem wildgewordenen Schiff kämpfen musste. Ihn zu fragen, wo wir jetzt stehen wäre sinnlos gewesen. Bei dieser miserablen Sicht konnte auch er nur raten.

Ich dachte an eine alte Seemannsweisheit : Kommt der Wind vor dem Regen, kannst du dich beruhigt schlafen legen ! Also konnte der Wind nur noch abnehmen. Das tat er nicht, aber er wurde auch nicht mehr. Jörg hatte das Fernglas nicht mehr von den Augen gelassen. „Hast du etwas gesehen ?". Er antwortete nicht, doch an seiner unerhörten Konzentration musste man erkennen, dass er etwas ganz Wichtiges ausgemacht hatte, etwas, was ihn erleichtert und erschöpft aufatmen ließ. Es war nicht der Leuchtturm, den er als Ziel auserkoren hatte, doch ein anderer an einer nicht weniger günstigen Einfahrt in den Schärengarten. Ich wollte vor Freude heulen. Jörg hatte nasse Augen. Ich glaube nicht, dass es die Gischt gewesen ist , die das verursacht hat.

Gerade als wir uns in Sicherheit fühlen durften, riss der Himmel auf und beleuchtete eine Wunderwelt, eine kleine Insel, einen Hügel aus Fels, bestanden mit kleinen Spielzeughäuschen in allen bunten Farben. Es war Wirklichkeit, die kleine Insel Astol, mit dem kleinen o über dem A.

Ein winziger Schlauch von Hafen, eine natürliche, tief in den Fels einschneidende Bucht, ein kleiner Fjord, nahm uns auf. Nur wenige Segelboote lagen dort. Wir waren die einzigen Nicht-Schweden. Das wird den meisten dort gar nicht aufgefallen sein, denn die „Samba" trug noch die alte schwedische Registriernummer. Allerdings führten wir den „Adenauer", wie die Sportschiffer die schwarz-rot-goldene Bundesflagge nennen.

In der Nacht legte der Sturm erst richtig los und blies für zwei volle Tage. Wir waren froh, dass wir uns noch rechtzeitig verkriechen konnten. Viele Stunden lang saßen wir an der Außenseite der Insel, knapp über der Brandung, die dann und wann zu uns heraufleckte. Die-

ses Schauspiel hatten wir beide so sehr aus der Nähe
noch nie erlebt. Ganz klein kamen wir uns vor. Und ein
Wunder war es.

12. Kapitel

Im Schärengarten

Auf Astol hatten wir uns mit netten Schweden unterhalten, die recht gut deutsch sprachen. „Sie können nicht einfach nach Süden segeln, ohne sich dieses hübsche Land hier oben angesehen zu haben." Die ansonsten sehr ruhig wirkenden Leute redeten sich in helle Begeisterung. Sie legten ihre Seekarten aus und schlugen uns vor, ein Stück nach Norden, in den schönsten Teil des west-schwedischen Schärengartens zu segeln. Die kleinere Insel Tjörn gleich nordöstlich von Astol sei schon eine Reise wert. Aber den I-Punkt würde erst eine Umrundung der größeren Insel Orust bringen. Mir erschien der Weg zu lang. Wieviel Tage würden wir für die Umrundung gebrauchen ? Irgendwann mussten wir an die Heimreise denken.

Von Skagen aus hatte ich Uwe angerufen und mich besorgt nach dem Zustand von Haus und Hof erkundigt. „Warum kriegst du es nicht fertig, einmal Urlaub zu machen ? Was hier los ist , geht dich gar nichts an !" „Aber ich muss doch wissen, was zu Hause 'los ist !" „Wenn du weg bist, dann bist du weg und dann geht dich der ganze Käse hier nichts an ! Oder traust du mir nicht zu, dass ich hier für Ordnung sorge ?" . So ist Uwe. Er poltert los, und ist dabei so liebevoll wie kaum ein zweiter. Ich kenne dieses Gemenge aus Grobheit, Fürsorge und Liebe an ihm.

Er schwieg länger als nötig und schien dieses Mal ein Stück beleidigt zu sein. Das hatte ich nun wirklich nicht im Sinn. „Verstehst du denn nicht, dass ich nicht einfach abhauen kann und den lieben Gott einen guten Mann sein lassen ?" „Warum nicht ?" „Wenn was schief geht ...!"

„was denn ?". Ich wurde unsicher. Wieviel hundert Kilometer waren es bis Hamburg ? Wie lange würde ich von hier bis nach Hamburg gebrauchen ? Zwei Tage ? Drei Tage ? Wenn Uwe in dieser Zeit nicht gehandelt hatte, wäre sowieso alles den Berg hinuntergegangen. Meine Sorge war, auf gut deutsch, dummes Zeug.

Ich hatte so viele Jahre für jeden Käse den Buckel hinhalten müssen, immer entscheiden müssen, dass ich mir nicht mehr vorstellen konnte, dass es auch ohne mich ging. Nicht nur mein Verstand machte nicht mit, mehr noch mein Gefühl. Das alte Verhaltensmuster war einfach zu fest eingeprägt und ich konnte nicht mehr heraus. Diese Prägung war auch später manches Mal nicht nur lästig, sondern vielleicht sogar gefährlich für eine neue Bindung. In diesen Wochen habe ich daran nicht eine Sekunde gedacht . Natürlich gab es Freunde, die sich um mich kümmerten. Ich habe es immer dankbar genossen, wenn mich einer von ihnen einfach angerufen hat , nur um zu fragen : "Wie geht es dir ?". Wenn ich ehrlich bin, habe ich sogar darauf gewartet, es aber nie eingestanden.

Nun sollte ich es doch noch fertig kriegen, mich unbefangen auf diese neue Welt zu freuen, von der auch viele unserer Freunde schwärmten. „Freust du dich auch auf diese Umrundung ?". Jörgs Freude war sehr verhalten. Er beschäftigte sich unerhört intensiv mit den Seekarten, ging mit dem Zirkel in die Karte, entnahm Distanzen, blätterte im Leuchtfeuer-Verzeichnis und wirkte angespannt, wenn nicht sogar nervös. Ich ließ ihn in Ruhe, konnte mir aber wirklich nicht vorstellen, was denn an einer Tour durch sichere Binnengewässer so aufregend sein sollte.

Die netten Schweden machten nicht den Eindruck, dass sie übertrieben. Im Gegenteil, sie gehörten zu einer

Spezies von liebenswerten Menschen, denen man immer ein understatement, eine Untertreibung zuschreiben wird. Sie hatten aber weder unter- noch übertrieben, ihre begeisterte Beschreibung der nordwest-schwedischen Landschaft war korrekt bis auf den letzten Buchstaben. Einmal waren es die gewaltigen Felsen, rundgeschliffen in Jahrmillionen, wie hingeworfen von nicht vorstellbaren Riesen. Dass man sich im Norden Gott als Person von unendlicher Kraft vorgestellt hat, den Donnergott Donar, den Wotan, ist nicht von Ungefähr gewesen. Ein solcher Gedanke drängt sich einfach auf. Wasser und Fels sind miteinander eine Ehe eingegangen, die mir als etwas ungeheuer Harmonisches vorgekommen ist. Zu den großen Felsrücken die kleinen, die an vielen Stellen knapp aus dem Wasser ragen. Übersät die unendlichen Wasserflächen mit diesen Zwergen, die die eigentliche Gefahr für den Seemann ausmachen. Fast alle, die großen und die kleinen Brocken nackt, höchstens ein paar winzige, an den Boden geduckte Büsche.

Wenn die Sonne sich zum Abend neigt, kommt das Rot des Steins zum Leuchten. Sogar das unscheinbare Grau wird verzaubert. Kaum irgendwo anders spannt sich der Himmel mit seinem sommerlichen Blau und den hingetupften Wolken wie ein Ehrfurcht gebietendes Zelt über der weiten Landschaft. Ich bin in Gegenden gewesen, deren Landschaft ähnlich gewaltig war wie diese hier, aber alle haben mich merkwürdig bedrängt, fast erdrückt. Hier ist in mir ein Staunen, eine Fröhlichkeit, eine Glückseligkeit, in der alles frei atmet und alles Bedrängende abgeworfen ist.

Jörg hieß mich an die Pinne gehen und hatte die Seekarte nach oben genommen. Er sah in kurzen Abständen auf die Karte und dann auf den Kompass und sagte mir laufend den neuen Kurs an, den ich steuern musste. „Du musst hier genau steuern !", ermahnte er mich. Es fiel mir schwer, weil das Auge durch immer neue Eindrücke abgelenkt wurde.

Jörgs Konzentration ging bald auf mich über. Er ließ keine Sekunde den Blick von Karte und Kompass. Ein wenig war ich trotz der großartigen Eindrücke enttäuscht. Wie sollte ich diese unwahrscheinliche Welt in mich aufnehmen, wenn ich mich ständig auf so profane Dinge konzentrieren musste, wie Pinne und Kompass ? Ich habe trotzdem heimlich um mich gesehen, um nichts zu verpassen. „Ist das nicht großartig hier ?", wagte ich ein Gespräch mit Jörg. Er winkte ab.

Zwischendurch segelten wir ein Stück geradeaus, und Jörg atmete auf. Er zog die Seekarte zu mir hinüber und fuhr mit dem Finger den Weg nach, den wir eben gesegelt waren. „In einer halben Stunde sind wir über die ganze Karte gegeigt ! . Ein schwieriges Gewässer !" „Da sind doch überall Seezeichen !" „Aber keine Tonne und kein Turm ist gekennzeichnet. Ich muss eine nach der anderen abhaken. Sonst wissen wir in diesem Labyrinth überhaupt nicht mehr, wo wir stehen !" „Weißt du denn jetzt, wo wir sind ?" „Hier, wo das Fahrwasser abknickt. ! An der dritten Toilette !" Wollte der Kerl mich auf den Arm nehmen ?. „Wieso sind hier Toiletten ?" „Die sind sogar auf der Seekarte eingezeichnet. !" Ich blieb skeptisch, aber es stimmte. Die ordnungsliebenden Schweden haben auf vielen der Inseln und Inselchen Plumpsklos eingerichtet, damit ihre schöne Natur heil bleibt. Mit ihren Zellulosefabriken nehmen sie es allerdings nicht so genau. Ich habe „Sulfatfabriken" gelesen und die gelbe Soße ungeklärt in See und Meer fließen sehen.

Je weiter wir uns von der offen See entfernten und ins Innere der Schärenlandschaft eindrangen, um so höher und steiler wurden die Felsen. Sie waren hier auch dicht bewachsen. Am Boden die Moose und darüber vor allem krüppelige Kiefern und Birken. Im Osten der größeren der beiden Inseln gingen wir durch eine Enge, die knapp zwei kleinen Schiffen die Durchfahrt erlaubte. Beiderseits ragten die Felsen steil auf, ein schmales Vorland war mit Ferienhäusern bestanden. Zäune gibt es in Schweden nur ausnahmsweise, hier gar nicht. Ich empfand darum die verstreute Bebauung nicht als fremd für die Natur, wie es ist, wenn jedes Grundstück von einem Zaun verteidigt wird. Statt eines Autos lag an fast jedem Haus ein Motorboot. Straßen gibt es hier nicht, wie sollte man auch zu seiner Insel kommen ? Und wie einkaufen ? Telefon gab es überall, sogar Telefonzellen haben wir neben den Toilettenhäuschen gefunden.

Inzwischen hatten wir zu einem Pulk von Schiffen aufgeschlossen. Vor uns eine ganze Armada, wie aufgereiht auf einer Perlenschnur. Jörg war erleichtert : "Die Autobahn !". Darauf hatte er gewartet. Die Schweden segeln, anders als die meisten deutschen Segler, gelasssener, jeder Aufregung abgeneigt. Jörg segelt am liebsten hart, dass die Leereling im Wasser liegt und das Gischt spritzt. Zu meinem Glück reichte der Wind dafür nicht aus. Das nasse Vergnügen der letzten Tage war mir genug. Die „Autobahn" der schwedischen Segler ist einfach derjenige Teil der Schärengewässer, in dem man unbesorgt fahren kann, ohne ständig an böse Überraschungen denken zu müssen. Die Klippen sind in gehörigem Abstand, das Fahrwasser ist breit und gut betonnt. Wer hier zu Hause ist, kann sich bestimmt die pingelige Navigation ersparen, mit der wir hier unterwegs sind.

Mit dem ganzen Pulk segelten wir mit achterlichem Wind. Dann ist das Schiff fast so schnell wie der Wind und an Bord herrscht fast Windstille. In der grellen Sonne hatten wir wieder Sorge, uns einen Sonnenbrand zu holen. Der erste war gerade abgeheilt. Die Schweden hatten diese Sorge offenbar nicht. Die meisten Familien hüpften wie Adam und Eva in der prallen Sonne auf ihren Schiffen herum.

Nach einer Kursänderung drehte auch der Wind. Wir hatten nun den Wind von der Steuerbordseite, der rechten Seite des Schiffes, der guten Seite. In den meisten Fällen würden wir Vorfahrt haben. Ich muß wohl ein wenig gedöst haben, denn eine ganze Horde von Motorbooten ließ mich erschrecken. Sie fuhr kreuz und quer inmitten des ruhig dahinsegelnden Pulks von Segelbooten. Einige Yachten kamen hinzu. Die einen wie die anderen scherten sich den Deubel um Vorfahrt und Nicht-Vorfahrt. „Thomas hat gesagt, das sei immer so in Schweden !" „Die können doch nicht fahren, wie sie wollen !". Jörg zuckte mit den Schultern. Seine Kiefer mahlten wütend. „Hier muss irgendwo ein Nest sein !" zischte er durch die Zähne.

Jörg hatte zwischendurch der Ehrgeiz gepackt. Erst einmal merkten wir, dass wir uns allmählich am ganzen Pulk vorbeischoben. Die Schweden grüßten uns freundlich, einige riefen uns ein paar Wortbrocken herüber, die wir zwar nicht verstanden, die aber immer herzlich gemeint waren. Ein Adam neben einer Eva fragte mit Gesten, weshalb wir uns so dicht eingepackt hätten. Jörgs Handbewegung „Schmerzen, Sonnenbrand" verstand er und signalisierte Mitgefühl. Ich habe mich sowieso gewundert, wieviel wir inzwischen nur mit Gesten ausdrücken konnten, ohne ein Wort zu gebrauchen. So muss es wohl auch gewesen sein, als Columbus in der Karibik ankam und sich mit den dortigen Einwohnern verständigte.

Das Folkeboot ist von Haus aus ein schnelles Boot. Viele in unserem Pulk segelten eines. Aber eben so gemütlich, wie es ihrem Wesen entspricht. Die Ulla hatte gesagt, die schwedischen Männer würden nur Temperament entwickeln, wenn sie Snaps getrunken haben. Mir schien es, als hätten hier die Frauen den Snaps unter Verschluss, damit sie nicht mit angeheiterten Abenteurern segeln müssen. Jörg ging es in diesem müden Tempo gegen den Strich. Der Wind erlaubte inzwischen den Spinnaker. Eine ganze Weile waren wir die einzigen mit der bunten Blase und schossen davon. Bei den Schweden, an denen wir vorbeizogen, weckten wir nicht etwa Sportsgeist und das Bedürfnis, mitzuhalten. Im Gegenteil, sie feuerten uns an, klatschten Beifall und beließen es bei ihrer behäbigen Art, voranzukommen.

Die Autobahn ging nun in ein Gebiet über, in dem der weitere Verlauf nicht selbstverständlich war. Wo ging es denn nun weiter ? Jörg war zu lange im Kielwassser der Schweden gesegelt und konnte kaum noch wissen, wo wir gerade waren. Ich sah sein fast verzweifeltes Gesicht und wagte nicht, ihn darauf anzusprechen. Er fing selbst davon an. „Das mache ich nie wieder !". Ich wusste ja, was. Hinter uns kam der Pulk auf. Jörg ließ das Schiff treiben und wartete, bis die ersten Schweden an uns vorbei gegangen waren. Dann mischte er sich unters Volk und segelte in der Masse mit. Irgendwo würde er schon seinen Schiffsort wiederfinden.

Ein anderes Folkeboot glitt allmählich auf uns zu. Jörg wollte ausweichen, der Schwede fing ein Gespräch mit ihm an, dieses Mal in Englisch, das Jörg ganz gut spricht. Woher und wohin, wieso es denn ein Boot mit schwedischem Kennzeichen sei, und immer wieder dieser merkwürdige Blick zwischen mir und Jörg hin und her wandernd. Der gleichmäßige Wind und die Tatsache, dass er von achtern kam, erlaubte es, ohne Gefahr nebeneinander her zu segeln. Jörg erklärte dem Schweden, dass er nicht mitgekoppelt hätte und nun Schwierigkeiten erwartete. „Hängen Sie sich an uns an. Wir kennen hier eine zauberhafte Bucht zum Übernachten. Dann kann ich Ihnen alles zeigen!".

Völlig unerwartet steuerte der Schwede auf eine der vielen Lücken im Felsgewirr zu . Wir folgten. Durch eine wirklich enge Durchfahrt kamen wir in ein Paradies, das nicht von dieser Welt schien. Jörg hat mir am Abend gesagt, dass er allein niemals durch so eine Enge gefahren wäre. Dies war ein Talkessel, ein Rund, umgeben von Felsen, die mit Kiefern und Birken dicht bestanden waren. Die schon niedrigstehende Sonne legte Gold auf die schöne Landschaft. Kein Windhauch fand seinen Weg hierher. Noch vor der Durchfahrt hatten wir die Segel bergen müssen und den lauten Motor gestartet. Nur selten habe ich das Maschinengeräusch als so fremdartig, so widerwärtig empfunden wie an diesem Abend.

Jörg ließ die Schweden in den hinteren Teil der Bucht gehen. Ihnen war inzwischen kühl geworden, und sie erschienen einer nach dem anderen aus der Kajüte angezogen an Deck. Wir suchten einen Platz aus, der weit genug von den Schweden entfernt war. Gerade die taktvolle Distanz ist das Salz in der Suppe eines Seglers. Sowohl Jörg als auch ich hatten einige Male Mühe gehabt, uns der durchaus freundlich gemeinten Aufdringlichkeit von Seglern im Hafen zu erwehren. Ich hatte den Eindruck, dass die Skandinavier mehr Feingefühl besitzen als viele Deutsche.

Jörg ließ das Schiff vorne vorsichtig an den Fels herangehen, hatte den Heckanker schon gesetzt und ließ das Ankertau unter Zug durch die Hand gleiten. Ich hatte

Posten auf dem Vorschiff bezogen und stieg an Land, als das Schiff nahe genug heran war. Jörg zeigte auf einen Baum, der ihm für die erste Leine geeignet erschien. Er schüttelte den Kopf und wies auf den benachbarten, der besser zum Festmachen war. Das Gleiche mit der zweiten Leine. Die schwedische Familie nahm inzwischen ihr abendliches Bad. Die Kinder waren übermütig und laut. Merkwürdig, dass es mich nicht störte. Sie gehörten einfach dazu.

An diesem ungewöhnlichen Abend haben wir uns über Angst unterhalten. Ich kann nicht sagen, wie wir auf dieses Thema gekommen waren. Nach der turbulenten Fahrt quer über das Kattegat wäre ein solches Gespräch in Astol fällig gewesen. Angst war auch später, zurück in Hamburg, einige Male unser Gesprächsthema gewesen. Ich gebe darum hier den Tenor aller Gespräche wieder, die wir über dieses Thema geführt haben.

„Hast du auch Angst gehabt, als wir von Skagen nach Astol gesegelt sind ?". Jörg nickte. „Schiss ?" „Nein, Angst als Mahnung zur Vorsicht !" „Erklär mir das ?" „Wer keine Angst hat, kann sich nicht vorstellen, dass er in Gefahr geraten kann. Wenn ich mir das nicht vorstellen kann, weiß ich auch nicht, wie ich mich auf die denkbaren Gefahren vorbereiten kann. !" „Du bereitest doch alles auf diesen Fall vor !" „Das ist nur das, was du siehst. Das Wichtigste geschieht im Kopf !" „Wenn ich daran denke, was mir alles passieren kann, habe ich erst recht Angst !" „Das ist eine andere Angst !". „Gibt es denn mehr als eine Angst ?". Das zu erklären fiel Jörg schwer, und ich habe erst viel später begriffen, was er gemeint hat. Er hat einmal gesagt, 90 % seiner Angst sei die Sorge um mich gewesen, der Rest die Sorge um das Schiff. Zur Angst um sich selbst hätte er gar keine Gelegenheit gehabt.

Das Schiff bewegte sich nur ganz leicht. Bei den Schweden war völlige Ruhe eingekehrt. Von ihren Stimmen war kaum etwas zu hören. Auch wir bemühten uns, leise zu sprechen, um in diesen unerhörten Frieden eintauchen zu können. Nach unserem Abendessen stiegen wir noch einmal an Land. Wir waren neugierig. Eine Landschaft wie diese hatten wir beide noch nicht erlebt. Vieles erinnerte an Astol, war aber nicht so genügsam wie alles, was dort dem rauhen Wind aus der offenen See ausgesetzt war. Bäume und Büsche erhoben sich stolzer und mussten sich nicht wie auf Astol vor dem Wind beugen. Der Boden gab sichtlich nicht viel für die Bäume her. Sie machten den Eindruck ,dass sie schon sehr alt waren, knorrig , in vielem verkrüppelt und miteinander verschlungen, zu Spiralen verdreht.

Das Moos, das den ganzen Fels bedeckte, war feucht und rutschig. Aus ihm heraus erhoben sich tausend winzig kleine Blüten. Wir haben uns auf den Bauch gelegt, um dieses Wunder genauer anschauen zu können. Ich habe meine Kinder systematisch an die Natur herangeführt und selbst viel gelernt. Noch während Ernsts Fahrzeit, als ich mit den Kindern allein war , habe ich angefangen, ihnen Bäume, Büsche, Blumen und Vögel nahezubringen. Ich habe genau wie sie über jede neue Entdeckung gestaunt, habe die gleiche Freude wie sie empfunden, wenn uns das Wunder von Neuem bewusst wurde. Nachdem Ernst an Land gegangen war , hat er mitgezogen. In seiner fast ländlichen Heimat im Sudetenland, dem heutigen Tschechien, sind die Kinder wie von allein mit Pflanzen und Getier großgeworden. Er war als Heranwachsender auch eine Zeitlang bei den Pfadfindern, die damals wie heute den Jugendlichen helfen, die Natur zu verstehen und zu bewahren.

In der hellen Nacht hatten wir keine Lust, schlafen zu gehen. Wir haben den größten Teil der Nacht in der Plicht gesessen, vor der hereinbrechenden Kühle und Taufeuchtigkeit durch eine Decke geschützt. Wir sind ganz dicht aneinander gerückt und haben alles um uns aufmerksam beäugt, schweigend. Jedes Wort wäre Vermessenheit gewesen. Was uns anfangs als Schweigen erschien, wurde ein Lispeln, ein Flüstern, wie von Trollen und Geistern belebt. Manchmal meinte ich sogar, einen der Trolle leibhaftig zu sehen und rückte enger an Jörg heran. Das mochte er gar nicht. Er schob mich leise von sich weg, um allein mit sich und seinen Gedanken zu sein.

Kurz vor Mitternacht wurde es doch noch so dunkel, dass sich der ganze Sternenhimmel vor uns entfalten konnte. Eine stockdunkle Fläche, die wie mit Diamanten bestückt war. Das leuchtende Band der Milchstraße mit ihren Millionen von Sonnen, der Große Bär, der kleine. Jörg wachte wieder auf, wurde mitteilsam. Ganz ruhig und behutsam entwickelte er mir die Gestalt der Sternzeichen, nannte mir die Namen von Sternen, von denen ich noch nie gehört hatte und erklärte mir, woran man die Planeten von den Fixsternen unterscheiden kann. Beide wagten wir nicht , laut zu reden, wir flüsterten nur, als hätten wir Sorge, diese heilige Stille zu beleidigen.

13. Kapitel

Noblesse oblige

In dieser abgeschiedenen Welt hätten wir uns sicher fühlen können. . Von Schweden hatte ich sowieso noch nie gehört, dass man dort Segler überfallen oder nur angemacht hätte. Wenn ich irgendwo am Steg liege und weiß, dass das Schiff sicher liegt, mache ich mir keine Gedanken und schlafe ruhig. Mag sein, dass ich mich durch die vielen Menschen, die sich Tag und Nacht dort bewegen, beschützt fühle. Wenn ich im Hafen einmal schlecht schlafe, dann ist es gewöhnlich ein Tau, das sich quietschend bemerkbar macht oder ein schlagendes Fall.

Draußen, vor Anker oder wie hier in der freien Natur, sind alle meine Sinne angespannt. Nicht gerade aufregend, aber doch so, dass mir die letzte Ruhe fehlt. Auch im Erleben eines besonderen Abends, einer besonderen Nacht empfinde ich diese leichte Unruhe und schlafe leicht, wache in kurzen Abständen auf und horche. Mag sein, dass es letzte Reste des Instinkts aus grauer Vorzeit sind, als die Menschen Tag und Nacht auf der Hut sein mussten. Der Verstand, der mir sagt , hier sei ich sicher, nützt mir nichts.

Jörg sagt, dass es ihm ähnlich geht. Seine Unruhe ist aber von anderer Art. Ihn interesssieren die Geräusche des Schiffes, des Windes und die Bewegungen, die nur in bestimmten Grenzen erlaubt sind. Sind die Festmacherleinen zu lose, zu fest ? Hält der Anker ? Von seinem Vater hatte er gelernt, dass beim Ankern eine Ankerwache gegangen werden muss und dass man sich durch fortgesetzte Peilungen davon überzeugen muss, dass der Anker hält. Auf einem kleinen Segelboot ist man leichtfertiger. Jörgs leichter Schlaf beim Ankern dürfte also eine

Art schlechtes Gewissen sein. Ein wenig von meiner archaischen Unruhe ist sicher auch in ihm. Deshalb war er gestern Abend auch sofort bereit, das Schiff so weit vom Felsen weg zu holen, dass niemand von dort an Bord kommen konnte.

Wir hatten erst in die Koje gefunden, als der Himmel schon das erste Grau zeigte, das sich bald zartrosa färbte. Ein Gewitter zog über uns hinweg, ein paar Schauer fegten hinterher. „Wollen wir jetzt frühstücken ?". Jörg knurrte kaum vernehmlich und drehte sich um. Ich war zufrieden. Ich hatte ja selbst noch keine Lust aufzustehen. Dann riss der Himmel doch noch wieder auf und die Sonne lockte uns aus der Koje. Es war so warm, dass wir draußen, in der Plicht, frühstücken konnten. Unsere freundlichen Begleiter waren schon weg. Wir hatten nichts von ihnen gehört. Danke ! Nun mussten wir uns durch die Enge tasten, heraus aus dem Talkessel, in den uns die Schweden gelotst hatten. So einfach, wie es gestern Abend ausgesehen hatte, war es nicht. Vielleicht erschien es mir auch nur so, weil Jörg unerhört vorsichtig an die Sache heranging. Ein paar Mal stoppte er die Maschine ging ein Stück rückwärts, bis er sicher war, eine mögliche Felsbarre passiert zu haben.

Die Formationen der Felsen veränderten sich auf unserer Fahrt mit jeder Minute, hinter jeder Biegung sah es überraschend anders aus. Draußen, an der offenen See, hatten die Wellen, sicher auch das Eis der letzten Eiszeiten, die Felsen rund und glatt geschliffen. Hier steigerten sich die Erhebungen zu richtigen Bergen. Kaum irgendwo kahler Fels, überall dichter Wald, teils abenteuerlich an steilen Hängen. Weniger Birken als an der Küste, mehr Nadelwald, sauber gewachsen und sicher auch als Nutzholz zu gebrauchen. Nicht verkrüppelt und niedergeduckt wie draußen. Hier konnte ich mir schon vorstellen, dass

Schweden ein Holzland ist. Hier und da ein Sägewerk bestätigte meinen Eindruck.

Meine Gedanken schweiften ab, gingen nach Hamburg, zu Karin mit ihrem Sohn, dem Björn. Wie wurde er jetzt aussehen? Was würde er inzwischen sprechen gelernt haben? Ernst hatte ihn noch fast ein dreiviertel Jahr erleben können. Die Szenen, wie er mit dem Kleinen umging, liefen wie ein Film vor meinen Augen ab. Der Kleine hatte seinen Großvater von Anfang an in sein Herz geschlossesn. Es waren rührende Augenblicke, wenn die Patschhände nach dem Gesicht, den Händen Ernsts griffen und eine unendliche Freude bei ihm auslösten. Ich habe diese Momente als Sternstunden für Ernst und für uns alle empfunden.

Ernst war schon fast ein Jahr in Rente, als Björn geboren wurde. Karin hatte während der Schwangerschaft weiter in der Apotheke gearbeitet, nicht weit von uns weg. In der Mittagspause konnte sie in Ruhe zu uns mit dem Rad fahren und mit uns zusammen essen. Wenn es an der Zeit war, stand Ernst ganz ruhig auf, wie es seine Art war, und stellte sich ans Fenster zur Straße hin. Dort blieb er, wandte keinen Blick ab, bis Karin herankam. Dieses Bild und die Begrüßung sagten mehr als man mit Worten ausdrücken kann. Ein ganz liebevolles Einvernehmen zwischen beiden. Zuviel, um über den Tod hinweg einfach zur Tagesordnung übergehen zu können.

Wir haben uns häufig über die gemeinsame Vergangenheit unterhalten. Zu Ernsts Lebzeiten war es anders, musste es anders sein, denn damals war alles Gegenwart. „Du kannst auf die Dauer nicht alleinbleiben!", hat mir Karin eines Tages eröffnet.
„Du bist noch zu jung und zu aktiv, um allein bleiben zu können!". Hatte sie Sorge, dass ich meine „Aktivität" zu

sehr bei meinen Kindern ausleben könnte ? Ich hatte weder daran gedacht , dass meine „Aktivität" ein solches Betätigungsfeld suchte, schon gar nicht, mich um einen neuen Partner zu bemühen.

Dann klang es fast wie eine Drohung, beschwörend : "Ich werde ihn an Vater messen !". Wen ? Also rechnete sie doch damit, dass ich mich eines Tages wieder binden würde. Die gemeinsam durchlittenen schweren Zeiten hatten aus meiner Tochter eine Freundin gemacht. Mit keinem Menschen habe ich so ehrliche und tiefgehende Gespräche führen können wie mit Karin. Natürlich hatte ich auch mit den beiden Jungs schöne und nachdenkliche Gespräche. Mit Karin waren es eben Gespräche von Frau zu Frau. Jörg sträubte sich gegen Gespräche, die zu tief in seine Gefühlswelt eintauchten, Uwe hatte immer schnell ein Patentrezept zur Hand, das gewöhnlich forsch und konsequent war, auch wenn es   liebevoll gemeint war. Er hat vieles von meinem Familiensinn geerbt, aber er geht damit ein wenig ruppig um.

Während eines kurzen Gewitters legten wir in Karingön an. Ein kurzes Stück Reise   war es nur gewesen. Hier hatten wir endlich Gelegenheit, einzukaufen. Einen passenden Laden haben wir gefunden, Obst und Gemüse waren teuer wie in einer Apotheke und nicht frisch. Jörg nickte mir zu : Nein ! Der reich bestückte Fischmarkt am Hafen hat uns wieder friedlich gestimmt.   Und es gab eine Telefonzelle. Ich war von dem kurzen Gespräch mit Karin und den urigen Lauten des Kleinen so hingerissen, dass ich nicht merkte, wie die Soße vom Fisch auf meine Jeans tropfte. Jörg schnupperte an mir herum und ließ nicht locker. „Wenn du über einen Fischmarkt gehst, dann riechst du auch nach Fisch !" „Aber nicht wie eine Fischfrau !". Die gedünsteten Seelachsstücke mit Creme-Krabbensoße haben uns so gut gemundet, wie es keinem

Fürsten schmecken kann. „Der muss das teure Zeug ja jeden Tag essen," meinte Jörg.

Natürlich haben wir unseren Tagesrhytmus eingehalten : Nach dem Essen den Verdauungsschlaf, dann den Spaziergang um die steif gewordenen Gelenke wieder beweglich zu machen. Ich war ganz fest eingeschlafen. Jörg holte mich ziemlich unfreundlich hoch. Wenn wir jetzt nicht gingen, sei es zu spät, und dann hätte er auch kleine Lust mehr. Jörg peilte den Hausberg an. Er erschien mir ziemlich hoch. Auf halber Höhe habe ich gestreikt. Mir wurde ein wenig schwindelig. Das Blut war noch immer mit der Verdauung beschäftigt, das arme Gehirn kam noch zu kurz.

Wir kamen beide ein wenig kurzatmig wieder am Boot an. Jörg war es also ähnlich wie mir ergangen. Später machte ich ihn an : „Du solltest mal deine Schwester anrufen. Sie freut sich !" „Du rufst doch immer an !". Dann war für eine ganze Weile Schweigen zwischen uns. Nicht böse, eher ein heiteres Schweigen. Dass er mit seinem Bruder gelegentlich telefoniert hatte, wusste ich. Er sagte dann nur lapidar: „Schönen Gruß von Uwe !" „Wie geht es ihm denn ?" „Gut !". Er räkelte sich, legte das gleiche tiefgründige Lächeln auf wie sein Vater. „Björn ist wieder erkältet !". Dieser Schlawiner ! Warum hatte Karin mir vorhin davon nichts gesagt ? Wollte sie mich schonen ? Ich war ja noch immer die alte Gluckhenne geblieben, die am liebsten alle Küken um sich hat und erst dann zufrieden ist , wenn sie weiß, dass es allen gut geht. Karin mag es sonst, die Brüder weniger. Verschweigt Uwe auch so viel wie Karin ? Hatte sich die ganze Blase gegen mich verschworen ? Wie hätte ich mich an ihrer Stelle verhalten ? Ich habe immer versucht, ehrlich und offen zu bleiben. Mein ganzes Leben hindurch. Häufig hatte ich mir mit dieser Methode Ärger eingehandelt. Wenn ich nun ehrlich mit mir bin, dann muss ich mir eingestehen, dass ich zwar nie (oder nur sehr selten) gelogen habe, aber nie innerhalb meiner Familie. Allerdings habe ich mir gelegentlich den Zeitpunkt meiner Offenbarung sorgsam ausgesucht, vor allem Ernst gegenüber, und auch den Kindern gegenüber gelegentlich gewartet, bis sich - wie ich immer sage- die Tür aufgeht und sie signalisieren, dass sie zuhören werden.

So kühl überlegt, wie es hier aussieht, habe ich nie gehandelt. Den ersten Gedanken zu einer Sache gibt mir mein Bauch. Ich bin überhaupt ein Mensch, der das Entscheidende aus dem Bauch heraus tut. Nach den ersten Signalen aus dem Bauch fange ich dann an, sozusagen das Thema zu be- und zu verarbeiten.

Mag sein, dass aus diesem Grund Rangkämpfe bei meinen Kindern, wen ich denn am liebsten hätte, erspart geblieben sind. Sicher spielt eine Rolle, dass die Brüder ihre große Schwester von Geburt an als stellvertretende Mutter gesehen und respektiert haben. Im Umgang mit ihren damals noch kleinen Brüdern hat sie nie einen Zweifel daran gelassen, wer die Hosen anhat. Später haben die Brüder dies lächelnd und mit Nachsicht hingenommen. Als sie 15 wurden, zog Karin aus. Wenige Jahre später heiratete sie, bezog aber eine Wohnung im gleichen Haus wie wir. Die endgültige Auseinandersetzung unterblieb damit. Geblieben ist die Bindung der Drei aneinander.

Dass Kinder in Seemannsehen Schwierigkeiten haben, ihren Vater anzunehmen, war mir schon vor Karins Geburt bekannt. Da habe ich allerdings nicht aus dem Bauch heraus gehandelt, sondern ganz überlegt. Das wunderschöne Verhältnis der beiden zueinander hat mir Recht gegeben. Mit den Jungs war es durch Karins Einfluss einfacher, obwohl ich mir genau so viele Gedanken darum gemacht hatte. Nur nützten die nicht viel. Das ungestüme kleine Mädchen empfing seinen Vater mit so viel Dampf, dass nicht wir Eltern, sondern sie die Spielregeln bestimmte. Mit ihrem mütterlichen Instinkt stellte sie schon im zarten Alter dem Vater stolz ihre Brüder vor : „Haben die sich nicht inzwischen gut herausgemacht?"

Als Ernst endlich an Land ging, waren die Jungs neun Jahre alt, Karin zwölf. Ihre Mütterlichkeit war schon fast ausgereift, ihre Stellung den Brüdern gegenüber nicht in Frage gestellt. Weshalb keines der Kinder jemals eifersüchtig auf den fremden Mann war, der von Mama als ihr Papa bezeichnet wurde, kann ich nicht erklären. Wenn ich darüber nachdenke, dann war es einmal Ernsts Naturell, das jeden Überschwang nach außen verbot und darum schon keinem der Kinder den Eindruck vermitteln konnte, es sei ihm am liebsten. Ich selbst hatte in vielen Familien erlebt, wie einzelne Kinder vorgezogen wurden und lebenslange Defekte bei den Geschwistern entstanden. Bauch und Kopf haben bei mir offenbar zusammengehalten, denn diese Probleme konnte ich vermeiden.

Natürlich hat es Rangkämpfe unter den Geschwistern gegeben, vor allem unter den Jungs. Dabei war Jörg leicht im Vorteil, konnte aber damit bei mir nicht landen. Es waren auch nur bescheidene Versuche, die schon im Vorfeld von Karin gestoppt wurden. Als Ernst an Land war, hörten die eigentlichen Rangkämpfe auf. Er war kraft seiner Persönlichkeit Respektsperson und hatte kaum jemals nötig, sich so aufzuführen. Die Jungs haben ihren welterfahrenen Vater verehrt, wie Karin ihn geliebt hat.

Schon vor Karins Geburt war mir als ganz junger Frau bewusst, dass Kinder zu einer gedeihlichen Entwicklung eine männliche Bezugsperson gebrauchen. Meistens ist es

wohl noch immer der eigene Erzeuger. Die erschüttern-
den Szenen bei uns, wenn Ernst wieder wegfuhr, belasten
mich bis auf den heutigen Tag. Fast genau so bewegend
die Szenen, wenn Ernst von See zurückkam. Ich glaube,
nur ein Mensch, der Ähnliches selbst erlebt hat, kann
nachempfinden, welche ungeheure Erleichterung ich
empfand, als Ernst endlich an Land ging und die Kinder
uns zeigten, dass auch für sie eine bedrückende Zeit zu
Ende gegangen war.

Ich musste kein promovierter Psychologe oder Soziologe
sein, um sehen zu können, welche Rolle der Vater in der
Entwicklung einer Tochter spielt und nach meiner Meinung auch zu spielen hat. Karin kokettierte mir ihrem
Vater, sie flirtete schon als Drei- und Vierjährige wie eine
Alte. Ernst ließ es sich gern gefallen und war ihr gegenüber vollendeter Kavalier. Bei ihr betonte er es, bei mir
war es für ihn selbstverständlich. Ernst zeigte auch, nach
meiner Beobachtung eher unbewusst, welches Verhalten
er bei seinen Söhnen einer Frau gegenüber erwartete. So,
wie er sich mir gegenüber benommen hat, tun es die
Söhne heute noch und ähnlich ihren Freundinnen gegenüber. Nicht die Eltern als solche, sondern ihr täglicher
Umgang miteinander und mit den Kindern ist nach meiner festen Überzeugung und auch Erfahrung die Elle, mit
der die Kinder später sich und ihre Partner messen.

Ich habe mich häufiger mit diesen Gedanken beschäftigt
und mich gefragt, was denn   daran richtig und was
falsch sein kann. Auf der Weiterfahrt habe ich Jörg darauf
angesprochen und gleicherweise jetzt, während dieses
Manuskript entsteht. Er sagt, dass die Prägung, die er
erfahren hat, sogar noch tiefer gegangen ist, als ich gedacht habe. Eltern glaubten viel zu häufig, dass die Kinder sie wie selbstverständlich sehen. „Ihr glaubt gar

nicht, wie aufmerksam wir euch beobachtet haben und wie häufig wir eure Bedrückung und Trauer mitbekommen haben !". Wie dankbar sie waren, als Vater endlich an Land war und wie traurig, als ich anfing, zu arbeiten. Eine solche Aussage macht mir noch heute zu schaffen.

Hinter einer Biegung tauchte, für uns unerwartet, ein Werftgelände auf. Jörg sah durchs Glas: "Hallberg-Rassy". Hier werden die Mercedes unter den Segelyachten gebaut ! Unter den Noblen der Welt mit das Nobelste ! Wir kamen und suchten nach einem Anlegeplatz. Die Pier bei H und R war die einzige Möglichkeit. Es war schon spät geworden, und der nächste Hafen wäre erst spät in der Nacht zu erreichen gewesen. Jörg ging vorsichtig an die Pier heran, um die Lage zu sondieren. Ein Mann stand nicht weit entfernt von uns, kam langsam auf uns zu. Er nahm unsere Festmacherleinen an, putzte sich die Hände ab und sagte ganz einfach auf deutsch: "Herzlich willkommen !". Er wartete geduldig, bis das Schiff ordnungsgemäß vertäut war und bat uns an Land. „Leider kann ich Ihnen nicht viel zeigen, denn wir haben in Schweden Urlaubszeit !". Uns genügte es. Nicht weit von uns entfernt lag eine der größten (und teuersten) Yachten von H und R unter französischer Flagge. Die französischen Eigner hatten das Schiff offenbar schon übernommen. Jörg ging ganz nahe an das wunderschöne Schiff heran, der H- und R-Mann, offenbar ein Schwede, begleitete uns mit berechtigtem Stolz.

In den Hallen war nicht viel zu sehen, denn offenkundig hatte man alle Schiffe noch vor den Ferien fertiggebaut und abgeliefert. Der Mann führte uns weiter. „Hier sind die Toiletten und die Dusche ! Und nun zeige ich Ihnen noch die Küche !". Ich sagte leise zu Jörg : „Zwick mich mal, damit ich sehe, dass es Wirklichkeit ist !". „Wieviel kostet bei Ihnen die Übernachtung ?". Der Mann lachte nur : „Bei uns gar nichts !" „Ich will bei Ihnen kein Schiff kaufen !" „Das hat damit nichts zu tun ! Und dann einen schönen Abend und gute Weiterreise !" „Tschüss," haben wir noch gestottert, dann war der Mann weg.

Die supernoble Toilette und die Dusche a la „Vierjahreszeiten" haben wir gern genutzt. Die perfekt ausgestattete Küche mochten wir in ihrer peniblen Sterilität nicht entweihen. „Noblesses oblige" sagte Jörg beim Schlafengehen. „Was heißt das ?" „Adel verpflichtet !".

14. Kapitel

Die Bergsteiger

Nach dem Essen haben wir auf unsere Ruhepause verzichtet. Wir fühlten uns noch frisch genug und waren neugierig auf die Umgebung. Der kleine Ort wirkte mit seiner langgestreckten Straße ein wenig nüchtern. Er war sichtlich um die Werft herum erst in den vergangenen Jahrzehnten entstanden. Der schwedische Bootsbaumeister Rassy soll die Werft gegründet haben. Eines Tages holte er den bayerischen Bootsbaumeister Hallberg, der aus dem etwas schläfrig gewordenen Betrieb den heutigen Musterbetrieb machte, der zur Weltspitze gehört. Der Ort erstreckt sich entlang der Straße zwischen steile Felswände gepresst. Die Karte wies um 100 Meter Höhe aus.

Auf den Berg, dessen Fuß an der Werft lag, haben wir uns hinaufgequält. Wenigstens für mich war es eine Schinderei. Die Route muss für Bergwanderer, nicht für Spaziergänger wie uns, ausgezeichnet worden sein, denn an den steilsten Stellen waren Seile gespannt, an denen man sich hochziehen und sichern konnte. Zum Schluss wusste ich nicht mehr, ob meine Beine oder meine Arme die meiste Arbeit geleistet hatten. Dass es im Verlauf unserer Reise noch schlimmer kommen könnte, kam mir nicht in den Sinn.

Jörg stand oben auf der Kuppe des Berges und sah sich um. Er musste genau so schnaufen wie ich. Mir war flau geworden und ich musste mich erst einmal hinsetzen. Dass es ein vollständig durchfeuchtetes Mooskissen war, auf dem ich mich hingehockt hatte, merkte ich erst, als mein Hosenboden und meine Unterwäsche klöternass geworden war. Ich verzog unangenehm berührt das Gesicht, obwohl es trotz des vorgeschrittenen Abends noch sehr milde war. Er sah mich belustigt an : „ Is was ?". Ich drehte ihm mein Hinterteil zu. Fürsorglich fragte er : „Ist dir kalt ?". „Nee !".

Die Aussicht war grandios. Sie kann im Hochgebirge nicht schöner sein. Zur Landseite hin fand sich ein felsiger, bewaldeter Berg hinter dem anderen. Die Gewässer dazwischen, die Fjorde und Sunde waren verdeckt . Zur Seeseite hin öffnete sich die Sicht in einem gewaltigen Panorama. Uns zunächst wieder bewaldete Felsrücken, die um so niedriger und um so kahler sie wurden, je näher sie an der offenen See lagen. Einige von ihnen erinnerten an Schildkröten. In einer flachen Bucht war ein Tanker zu erkennen, der sich nicht fortbewegte. Wahrscheinlich ein Ankerlieger, der auf einen Liegeplatz im nahen Göteborg wartete. Über das ganze weite Meer war eine ungeheure Matte aus glitzerndem   Rot und Gold ausgelegt. Lauter kleine leuchtende Punkte waren es, in denen sich die untergehende Sonne spiegelte. Ich erinnerte mich an bekannte Gemälde, in denen der Maler in einer solchen Technik gearbeitet hat.

Jörg sagte mir am Abend, es sei eine wundervolle Bergwanderung gewesen. „Ich fühle jeden Knochen einzeln. Ist das wundervoll ?" „Das wird bei jedem Berg besser !". Ich versuchte, aufzustehen, merkte, wie lahm ich geworden war und verlor den Halt unter den Füßen. Der schäbige Kerl lachte mich noch aus. Und bereitete uns ein festliches Abendessen. Unseren lächerlichen Rest Rotwein haben wir traurig und voller Genuss getrunken. Wir wussten, dass es auf absehbare Zeit der letzte sein würde.

Die letzten Tage hatten uns mehr zugesetzt, als wir uns eingestehen wollten.   Immer wenn ich mich   über das ruhige Dahinsegeln freute, knallte eine Böe ein und legte das Schiff auf die Seite. In den verwinkelten und buchtenreichen Gewässern rund Orust pfiff der Wind aus jeder Ecke anders und immer unvorhersehbar. Einige Fallböen waren besonders unangenehm und zerrten angsterregend an Segel und Takelage.

Das bisschen Rotwein gab uns an diesem Abend den Rest. Mit einer wirren Gedankenmixtur aus den Erlebnissen auf See, der Familie in Hamburg und den netten Leuten hier bei Hallberg und Rassy bin ich eingeschlafen. Zum Schluss wollte mich der Berg erdrücken. Ich lag auf der falschen Seite.

Das Wetter hatte sich in den folgenden Tagen wieder beruhigt. Der Wind ärgerte uns aber immer noch an jeder Ecke mit seinen Späßen. Stattdessen fing es an zu regnen. Die typischen Tiefausläufer fielen ein mit Wind, Regen und Sonne im dauernden Wechsel von Stunde zu Stunde, manchmal von Minute zu Minute. Der Wind und die gelegentlichen Sonnenstrahlen trockneten unser Ölzeug immer rechtzeitig, sodass unsere Kajüte trockenblieb. Dauerregen auf einem so kleinen Schiff hätte die Feuchtigkeit in jeden Winkel, in jedes Stück Zeug gebracht. Ich hatte auch das schon erlebt. Der Gedanke daran genügte mir.

Über den nächsten Hafen hat Jörg in das Logbuch geschrieben : „Heute haben wir den schönsten Hafen gefunden. Es ist ein Werfthafen, und man hat Industrieferien. So sind wir hier die Einzigen. Den ganzen Abend haben wir am Hafen keinen einzigen Menschen gesehen.Es gibt keine Dusche und kein WC, dafür unvorstellbare Ruhe. Vorhin waren wir im Wald, es war wunderschön: Steine, Bäume, Bäche und Tümpel wechseln einander ab. Ich bin auf einen ungefähr 100 Meter hohen Berg geklettert und hatte eine wunderschöne Aussicht. Die Fahrt hierher war sagenhaft. Wir sind zwar zweimal aufgelaufen, es war aber nicht weiter aufregend. Wir sind durch Kanäle gesegelt, wo das Fahrwasser knapp 5 Meter breit war. Damit wir alles in Ruhe ansehen konnten, sind wir nur unter Fock gesegelt. So langsam ist der Sonnenbrand vergessen, aber wir haben seit drei Tagen kein Bier mehr, und der Wein ist auch alle. Mir kommt es wie eine Ewigkeit vor. Am Schiff hält alles, der Motor läuft gut."

Den Berg hat Jörg allein bestiegen. Er war wohl ziemlich hoch, der Aufstieg sah jedoch nicht sehr beschwerlich aus. Ich war ein wenig müde und war froh, dass ich eine Weile allein sein konnte. Dabei bin ich eingenickt, und die von Trollen wimmelnde Landschaft der Bucht, in der wir vor einigen Tagen übernachtet hatten, wurde wieder lebendig. Eine Melodie ging mir durch den Kopf : Solveigs Klage aus der Peer Gynt Suite. Ein Blitz schoss mir durch alle Glieder, ließ mich zusammenzucken und Vergangenes bittere Gegenwart werden : Es war die Musik auf Ernsts letztem Gang gewesen. Wäre ich bloß mit Jörg gegangen ! Wäre ich nur !

In diesem Zustand fand mich Jörg. So hatte er mich häufiger erlebt, vor allem im vergangenen Jahr. Er setzte sich neben mich, rückte an mich heran und sagte gar nichts. Seine Nähe und seine Körperwärme waren unsagbar wohltuend.

Den Abend haben wir sehr ruhig verbracht. Der Regen hatte aufgehört, der Wind war schlafen gegangen. Unser bescheidenes Abendbrot haben wir in der Plicht zu uns genommen. Ganz langsam kam ein Gespräch in Gang. Jörg berichtete von seiner Bergtour, sagte etwas über die Route des nächsten Tages und bemühte sich, mir einiges über den Kompass und den Erdmagnetismus beizubringen. So mitteilsam war er selten. Ich spürte, dass er mich auf andere Gedanken bringen wollte, von meinen dunklen Bildern befreien. Ich meine, mich erinnern zu können, dass es ihm geglückt war.

Mangels Dusche an Land haben wir uns in der Plicht gewaschen. Wir konnten es ganz ungeniert tun, denn noch immer war kein Mensch in der Nähe. Der Schweiß unter dem Ölzeug, das wir den ganzen Tag über tragen mussten, hatte sauer und unangenehm gerochen. Die Stimmung blieb verhalten und trotzdem ganz lieb. Ich war wieder einmal meinem Jungen dankbar.

Der nächste Tag brachte eines der größten Abenteuer dieser Reise : den Berg Havsten ! Er lag unweit eines Campingplatzes, zu dem eine kleine Steganlage gehörte. Ich war froh, im Kiosk ein paar Sachen für die Körperpflege kaufen zu können. Die Alkoholika waren dort noch viel teurer als anderswo in Schweden. Für uns unerschwinglich. Wir mussten schließlich mit unserem Geld haushalten. Jörg verdiente noch nicht und war nach dem Kauf der „Samba" praktisch pleite. Meine bescheidene Witwenrente erlaubte auch keine großen Sprünge. Hier freute ich mich vor allem darauf, endlich einmal wieder unter einer richtig heißen Dusche stehen zu können. Ich dachte an Skagen und bin dann doch nicht enttäuscht worden. Für das tägliche Essen hatten wir uns eine Art Diät verordnet. Wir wussten, dass man auf so einem Törn schon dadurch in Gefahr ist, dick zu werden, dass man zu wenig Bewegung hat.

Der hohe Berg reizte uns. Er hatte etwas Geheimnisvolles an sich. Wir spürten beide einen Kribbel, unsere Kräfte zu fordern und uns zu bewähren. Die ersten Meter des Aufstiegs waren harmlos, obwohl wir auch da unsere Hände zu Hilfe nehmen mussten. Der Berghang war in Plateaus aufgeteilt, die mit riesigen Stufen eine Art Treppe entstehen ließen. Das regnerische Wetter hatte Gras und Moos rutschig gemacht, auf dem nackten Fels waren die Algen zu Schmierseife geworden. Ab und zu sah ich nach unten und wurde immer mutloser. Der weitere Aufstieg erschien mir auch zu gefährlich. Jörg turnte fröhlich vor mir her und war bald unsichtbar geworden. Ich horchte und konnte ihn noch eine Weile ausmachen. Dann war Stille. Jörg war sorgloser als ich aufgestiegen, war häufig ausgerutscht und hatte sich einen Aufstieg ausgesucht, der mir deutlich riskanter erschien als meine Route.

„Jörg! Hallo!" Ich bekam keine Antwort. Wieder „Hallo! Jörg!" und wieder keine Antwort. In mir kroch die Angst hoch. Verdammt noch mal, warum antwortet er nicht? Ist ihm etwas zugestoßen? Liegt er mit gebrochenen Knochen bewusstlos, wo ihn niemand finden kann? Immer wieder habe ich gerufen, immer verzweifelter, nass im Angstschweiß. Mir wurde schummerig vor Augen. Hinsetzen mochte ich mich in dieser Nässe nicht. Auf der Kuppe des Berges tauchte er dann auf und winkte mir fröhlich zu. Ich war unendlich erleichtert und wütend, stinksauer.

Am Fuß des Havsten führte ein Wanderweg vorbei, der mit einigen Bildtafeln bestückt war, und eine Bank war dabei, die ich dankbar angenommen habe. Hier wolle ich auf Jörg warten. Ich hätte unmöglich weggehen können. Denn noch war er nicht in Sicherheit. Die Angst blieb, wenn auch nicht mehr so schreiend wie vorhin.

Jörg war schneller unten als ich erwartet hatte. Von einem Plateau, einige Meter über mir, warf er mir einen kleinen Beutel zu. „Was ist damit?" „Das will ich mitnehmen!". Mit einiger Mühe hampelte er dann die letzte

Stufe zu mir herunter. Er hatte kein schlechtes Gewissen. Ich wüsste doch, dass er das Gegröhle im Wald hasse. Ob er sich meine Angst vorstellen könne ? „Du bildest dir etwas ein. Mit deiner Angst machst du dich und mich kaputt !". Wir hätten nach der Querung des Kattegats lang und breit über Angst geredet. Man könne nicht ewig neu damit anfangen. Im Grunde hatte er recht.

Ein Mann hatte eine Weile vor der Bildtafel gestanden und sprach jetzt Jörg an. Ich hörte etwas von „forbud". Was sollte hier denn verboten sein. Der Schwede holte Jörg an die Bildtafel heran und erläuterte ihm, dass er verbotenerweise in einem Naturschutzgebiet geklettert habe. Jörg tat doof, und der Mann musste annehmen, dass Jörg ihn verspotte. Er kreuzte die Hände, um anzudeuten, dass man Jörg ins Gefängnis stecken könnte. An der Bildtafel erläuterte er mit vielen aufgeregten Gesten dass vor allem das Pflücken der seltenen Pflanzen mit hoher Strafe bedroht sei. Jörg veräppelte ihn weiter : „Schwedische Gardinen ?" Ich hatte das wütende Gesicht des Mannes im Blick behalten und merkte, dass nun höchste Zeit war, die Lage zu entschärfen. Hinter meinem Rücken hatte ich doch die seltenen Pflanzen, um die es hier ging.

Ganz langsam und deutlich fing ich an und hoffte, dass der Mann ein wenig Deutsch sprach. Ich erzählte ihm, dass es uns leid täte, in dieses wunderschöne Naturschutzgebiet eingedrungen zu sein. Aber da hinten, -ich wies dahin-, wo wir in den Berg eingestiegen waren, hätte kein Schild gestanden. „Ich zeige es Ihnen mal !". Und während ich auf ihn einredete, machte ich mein freundlichstes Gesicht. Er wurde verlegen, entschuldigte sich sogar und ging. Ich stieß Jörg an, er sollte sich gefälligst das Lachen noch eine Weile verkneifen. Es stimmte wirklich, kein Schild, wo wir unsere Kletterei angefangen hatten. Dort hätte ein halbwegs normaler Mensch sowieso die Finger davon gelassen.

In der Nacht kam ich nicht zur Ruhe. Meine Wut war verraucht, und ich schaffte es sogar, ganz nüchtern über den vergangenen Tag nachzudenken. Ja, ich hatte Angst, auch Angst Jörg zu verlieren ! Ich habe immer Angst, einen von uns zu verlieren, meine Verlustängste. Dass ein bestimmtes Maß an Verlustangst in jedem Menschen steckt, ist mir immer bewusst gewesen, und ich habe es als gegeben gesehen. Später, als ich Ernst kennengelernt und geheiratet hatte, musste ich erfahren, dass die Verlustängste einem Hochseilakt gleichen. Ich merkte, dass ich häufig in Gefahr war, die Wirklichkeit übertrieben bedrohlich zu sehen. Dabei merkte ich, wie sehr eine solche Haltung an die Knochen gehen kann.

Mit jedem Abschied während Ernsts Seefahrtzeit drohte der Absturz. Immer wenn ich glaubte ich hätte meine Ängste im Griff, kam der nächste Abschied und die nächste Angst. Als Ernst dann einige Male an Land scheiterte, waren die Ängste so stark geworden, dass sie mich seither nie wieder ganz verlassen haben. Ich wurde seitdem nicht mehr enttäuscht, sondern ich empfand die Situation, als wenn eine Hoffnung gestorben wäre. Seit vergangenem Jahr war sowieso alles zu Ende. Meine Ängste nicht. Im Gegenteil. Wie mag Ernst zur Verlustangst gestanden haben ? Jeder Mensch hat doch damit zu kämpfen. War ihm das Leben an Land so fremd geblieben, so unheimlich, dass er die Angst nie verlor, immer wieder zu scheitern ? Die Angst, dabei unsere Liebe zu verlieren ?

Während Jörg mich am Berg so gemein hängen ließ, war in mir eine gefährliche Mischung aus Angst und Aggressivität entstanden. Ich musste mir hinterher eingestehen, dass ich aggressiver war, als ich mich sonst einschätze. Auch in Jörgs Sturheit lag eine gehörige Portion Aggressivität. Fast drei Wochen Zusammenleben auf engstem Raum und über 24 Stunden zeigten doch Wirkung. Ich würde sehr auf mich achten müssen.

Mir kam wieder Ernst in den Sinn. Er war uns gegenüber so vollkommen ohne Agressivität gewesen. Gibt es denn überhaupt Menschen ohne Aggressivität? Er hat häufig erzählt, wie sehr er sich im Dienst ärgere. Der Ärger sei für ihn tägliches Brot. Wieso konnte er dann ohne erkennbare Aggressivität leben? Ich hatte häufig gelesen, dass sich Aggresivität auch gegen den Menschen selbst, nach innen, richten kann. Hatte Ernst sich mit dieser nicht ausgelebten Aggressivität kaputtgemacht? Die Kinder haben ihn, als sie herangewachsen waren, häufig gewarnt, vor allem Karin. „Papa, du machst dich mit dem Ärger krank!" Es sieht so aus, als hätten sie Recht behalten.

Warum habe ich all dies nicht gemerkt oder nicht wahrhaben wollen? Die Zusammenhänge, die mir jetzt, zu spät, klargeworden sind, waren mir damals nicht bewusst. Ich habe immer geglaubt, das eine liebevolle Hinwendung alles heilen könnte. Ernst hat mich in diesem Glauben gelassen.

Mit diesen Gedanken musste ich jetzt allein bleiben. Jörg mochte solche Gespräche überhaupt nicht. Er sagte in diesen Tagen einmal, dass er von all dem, was geschehen sei, so betroffen sei, dass meistens die Kraft fehle, darüber zu reden. Schon das Lesen koste viel Kraft. Karin und Uwe dürften ähnlich empfinden. Uwe wird hart, wenn er darauf angesprochen wird, Karin verweigert sich. Allmählich verstehe ich sie.

Unsere Vorräte waren dahingeschmolzen. Wir lebten nur noch von Dosenfleisch, Reis und Zwiebeln. Es wurde höchste Zeit, frisches Gemüse und Obst einzukaufen. Fürs Erste war kein Laden in Sicht. Vielleicht wäre im nächsten Hafen Chance. Die sehr ausführliche schwedische Seekarte zeigte nichts von all dem. Sie irrte, denn sie war alt. Wir hatten sie von einem Clubkameraden ausgeliehen, weil zum Kauf uns das Geld fehlte . Tage zuvor hatte sie uns eine üble Überraschung bereitet, als wir auf eine neugebaute Brücke stießen, die in der Karte nicht verzeichnet war. Wie herbeigezaubert tauchte heute vor uns ein riesiger Betonbau auf, der mit Reklame übersät war. Das konnte nur ein Einkaufszentrum sein !

Ein Schild verkündete, dass schon das bloße Anlegen gebürenpflichtig sei. Ein Kassierer war nicht zu sehen. Das bisschen Obst und das Gemüse- dieses reichlich - hatten wir schnell eingekauft. Über den Preis mochten wir nicht nachdenken. Bier und Wein schieden wieder aus, obgleich es uns juckte. Aber es gab eine gepflegte Sanitäranlage ! Offenbar war es mit Duschen und WCs auf den vielen Sommergrundstücken nicht sonderlich gut bestellt, denn es gab hier irrsinnig viele WCs und Duschen, vor denen sich die Leute drängten. Ich ließ Jörg als ersten gehen und wollte in der Zwischenzeit das Essen fertigmachen, ein Festmahl !

Jörg kam bald fertig gewaschen zurück , es sei fast leer gewesen. „Pass auf das Essen auf !" ermahnte ich ihn und hüpfte an Land. Vor den Duschen für Damen hatte sich in der Zwischenzeit eine Schlange von mehr als zwanzig Leuten gebildet. Ich schloss mich an, merkte bald , dass es kaum voranging. „Schitt !" sagte ich mir und ging ungewaschen wieder an Bord.

Der Kassierer kam in Sicht. Während er bei unseren Nachbarn kassierte, legten wir ab. Wir haben uns wie die Kinder gefreut ! Am liebsten hätte ich ihm eine lange Nase gezeigt.

15. Kapitel

Mama Hilde

Nach den großartigen Erlebnissen der letzten Tage blieb eine gewisse Erschöpfung bei uns beiden. Nicht, dass man aus Freude keine Kraft schöpfen könnte, aber sie selbst kostet auch Kraft, und ich denke, dass man gelegentlich überlegen muss, ob man die Freude überhaupt ertragen kann. Dieser neuerliche Gedanke ärgert mich, selbst wenn er im Grunde richtig ist. Gerade wenn ich mich gefreut habe, habe ich mich dieser Freude ausgeliefert, ohne zu fragen und war manches Mal ausgelaugt bis ins Mark. Was für ein Mensch muss es sein, der es bereut, sich gefreut zu haben, nur weil er hinterher vor Freude erschöpft war ? Hier war es einfacher : Die Sinne verweigerten sich einfach ! Wir nahmen die großartige Landschaft wohl zur Kenntnis, aber mussten uns zwingen, dabei Begeisterung zu empfinden. Meistens fielen wir in einen wohtuend-einschläfernden Zustand angenehmer Zufriedenheit. An die etwas problematische Navigation hatten wir uns gemeinsam gewöhnt. Sie war auch hier leichter, weil es mehr Anhaltspunkte für einen Schiffsort gab als in den weitläufigen und verzweigten Gewässern um Astol.

Ich hatte mich häufiger mit dem Berg Havsten beschäftigt und mit dem kaum fassbaren Großmut bei Hallberg-Rassy. Der eine verursachte noch immer Bauchweh bei mir, das andere Dankbarkeit. Jörg hatte wohl an die gleichen Dinge gedacht und sprach mich darauf an. „Die haben doch bei Hallberg-Rassy genau gesehen, dass wir niemals ein Schiff bei ihnen kaufen würden. Ihre Kunden kommen anders als wir armen Schlucker zu ihnen !" „Vielleicht ist doch etwa an uns. Es gibt Reiche, die verstecken ihren Reichtum !". „Aber nicht in einem alten

Folkeboot!". Wir haben uns darauf geeinigt, dass die Großmut bei Hallberg-Rassy einfach Teil der Firmenphilosophie ist. Wenn wir erzählen, was wir bei ihnen erlebt haben, wird es der Firma nicht schaden. Eher das Gegenteil bewirken.

Mit meinen Gedanken war ich wieder einmal bei meinem Clan. Irgendwoher schoss mir der Klang aller Stimmen in den Kopf. Ich glaubte, wirklich Karin „Mama" sagen hören, und ich fühlte sie wie bei mir sitzend. Dazu das Geplapper von Björn, wie er mir ein Auto entlockt, „Oma , nur ein kleines Auto !". Schließlich Uwe mit seinem oft fordernden Tonfall, wie er zu mir sagt :„Mutti, du darfst dich nicht gehen lassen !". Jörg störte mich in meinen Gedanken : „Hilde, kannst du mal raufkommen !".

Wieso nennt Jörg mich „Hilde"?. Ja, richtig. Als wir im vergangenen Jahr binnen vier Wochen rund Fünen gesegelt sind, steckte ich mitten in tiefster Trauer und Verzweiflung. Nein, das war anders gewesen. Beim Festmachen war ich, wie oft auf dieser Reise, mit meinem Gedanken nicht bei der Sache. Zu gut deutsch : Ich hatte gepennt, und Jörg hatte mir zu Recht zugerufen : „Mensch, Mama, pass doch endlich auf !". Vorher hatte er, wie aus Versehen, mich schon gelegentlich mit „Hilde" angeredet. Nun druckste er herum. Er fände es ungehörig, mich mit „Mama" anzuschreien. „Und jetzt willst du mich ,Hilde' rufen, damit du mich unbesorgt zusammenscheißen kannst ?". Es klingt geradezu brutal, wenn ich diesen Satz geschrieben sehe. In Wirklichkeit war alles locker und geradezu heiter vor sich gegangen. Ich habe weder JA noch NEIN gesagt, was Jörg als Einverständnis angesehen hat. Privilegien hat er nicht daraus abgeleitet, ich bin für ihn seine Mutter geblieben, die er, wie seine Geschwister auch, respektiert.

In unserer leicht schläfrigen Aufmerksamkeit bei herrlichem Wetter haben wir zeitig einen kleinen Hafen angelaufen. Es war immer noch die Insel Orust. Wie in vielen schwedischen Häfen, die, wie die verwandten dänischen Häfen ursprünglich Fischereihäfen waren und zum Teil auch noch so genutzt werden, waren kaum spezielle Einrichtungen für Sportboote geschaffen worden. Hier hatte man es sich besonders einfach gemacht : In einigem Abstand von der alten Betonpier waren ein paar Pfähle ins Wasser gesetzt worden. Die Schiffe wurden nun mit dem Bug an der Pier und mit dem Heck am Pfahl festgemacht. Weil aber die Anzahl der Pfähle für die ungezählten Schiffe viel zu klein war, mussten sich bald die hinzukommenden Boote längsseits der dort schon liegenden festmachen. Die Vorleinen belegten sie an Land. Es hat nicht lange gedauert, und die Boote drängelten sich auf dem knapp gewordenen Raum.

Jörg war es zu eng. Er suchte sich eine freie Stelle an einer total heruntergekommenen weiteren Pier. Bevor wir festmachten, fuhr er ein paar Mal ganz vorsichtig vor der Pier hin und her und beobachtete mit äußerster Anspannnung sowohl den Grund als auch die Pier selbst. Er zeigt mit dem Daumen nach oben : OK !.

Während der ruhigen Fahrt unter Motor hatte ich das Schiff unterwegs drinnen und draußen schon fertiggemacht. Sogar das Essen hatte ich schon weitgehend vorbereitet. Ich brauchte nur noch zu kochen. Jörg kontrollierte noch einmal die Leinen, sah auf den Grund, der mit vielerlei Schrott übersät war. Das Wasser war klar. Jeder alte Autoreifen, jedes verrostete Fahrrad und jeder verrottete Stahlträger war zu erkennen. „Ist es hier tief genug ?", Jörg nickte. Er hatte inzwischen genug Erfahrung, um es beurteilen zu können. Ich nicht. Bei dem wunderbar klaren Wasser konnte ich mich nicht für einen

Meter, zwei oder sogar drei Meter Wassertiefe entscheiden. Ich sah ihn an. „Drei Meter, vielleicht sogar einen halben mehr !".

Er stieg an Land, was hier nicht ganz einfach war, besah sich das Schiff in aller Ruhe und offenbar auch mit einem gewissen Stolz. Als er zufrieden mit dem Schiff und mit sich war , schlenderte er zu den anderen Schiffen uns gegenüber. Unser Spritkocher war gutmütig wie immer, und ich konnte den Kopf aus dem Luk hängen. Ein Schiff nach dem anderen kam in den Hafen und sah sich nach einem Liegeplatz um. Obwohl der eigentliche Liegeplatz schon ganz gefüllt war, zeigte keiner Neigung, zu uns an den Schrotthaufen zu kommen. Ich war gespannt. Das kommende Schauspiel wollte ich mir nicht entgehen lassen. Vorsichtshalber drehte ich die Flamme des Kochers herunter.

Den Ersten, der drüben festmachte, hielt ich für einen rücksichtslosen Rowdy. Er schob sich ganz langsam in eine viel zu enge Lücke und drückte mit laut knatternder Maschine den ganzen Pulk einfach auseinander. Seine Nachbarn zeigten sich gelassen und nahmen sogar noch seine Festmacherleinen an. Wenn ich sein Nachbar gewesen wäre, so glaube ich , hätte ich ihn mit dem Knüppel wieder davongejagt. Die Nächsten machten es genau so. Und wieder keine Aufregung und kein Ärger. Beneidenswerte Schweden !.

Nach dem Essen hielten wir Ruhe. Wovon eigentlich ? Es war eine ruhige Fahrt gewesen; zuerst bei mäßigem Wind unter Segel, dann, als der Wind eingeschlafen war, unter Motor. Am Ende eines Tagestörns gibt es immer drei Dinge : Essen, Bubu und einen Spaziergang. „So, nun müsst Ihr Bubu machen !", damit hatte ich die Kinder immer ins Bett gebracht. Eines Tages waren mir die

Kinder zu groß für diesen Kleinkindausdruck geworden. „Ab ins Bett!", kommandierte ich. Die Kinder sind bei „Bubu" geblieben. Bis auf den heutigen Tag.

Unser heutiges „Bubu" hat nicht lange gedauert. In Hamburg hätte man auf die Sonne geschaut und entschieden, dass es erst kurz nach Mittag sei. Hier war es früher Abend. Wohl war noch Leben allenthalben, aber eine gewisse Schläfrigkeit war unverkennbar. Wir machten uns auf den Weg um das kleine Hafenbecken herum zu den übrigen Schiffen, zu denen, die sich drängelten. Ein recht respektables Schiff schickte sich an, den ganzen Haufen von Schiffen mit mildem Nachdruck auseinanderzutreiben, um gleichfalls einen Platz für die Nacht zu gewinnen. Ein älterer Mann stand hinter dem großen Steuerrad, eine junge Frau hielt auf dem Vorschiff eine aufgeschossene Leine in der Hand. „Aha", dachte ich, „wieder zweite Garnitur. Die attraktive Sekretärin als zweite Frau, nachdem die erste die gemeinsamen Kinder groß gemacht und sich beim Aufbau der gemeinsamen Existenz verbraucht hatte".

Die „Zweite" sah abwechselnd nach vorne und zu ihrem Mann hin. „Papa, OK," verstand ich, und sie sagte noch einiges mehr auf schwedisch. „Was hast du denn gedacht?", habe ich Jörg gefragt. „Genau das Gleiche wie du!". Wir haben dabei so sehr lachen müssen, dass die Leute auf uns aufmerksam wurden. Auch Vater und Tochter. Sie haben in unser Lachen eingestimmt. Ob sie gewusst haben, worüber wir gelacht haben? Vielleicht war unsere Fröhlichkeit nur einfach ansteckend.

Auf dem Rückweg von unserem ausgedehnten Spaziergang kamen wir wieder am „Vater-Tochter"-Schiff vorbei. Die beiden hatten uns wiedererkannt und winkten uns an Bord. Sie begrüßten uns auf Deutsch. Woran erkennt man in Schweden eine segelnde Mutter mitsamt ihrem segelnden Sohn als Deutsche. Haben wir vielleicht „Deutsch" gelacht? Hätten wir „Schwedisch" lachen sollen? Der Mann stellte sich mit Namen vor, ich habe ihn sofort wieder vergessen. Irgend etwas mit ...sson wird es gewesen sein. Das Mädchen, um die Mitte Zwanzig, blieb stumm, taxierte uns aber aufmerksam. „Sprechen Sie auch deutsch?", fragte ich. „Natürlich!", und sie lachte dabei.

Das Schiff war aufs Äußerste gepflegt, die tausend nützlichen Kleinigkeiten, wie sie bei Jörg typisch sind, fehlten völlig. Der Mann, wohl in der zweiten Hälfte der Fünfziger, hatte etwas vom glatten Charme eines erfolgreichen Geschäftsmannes. Mit einer weit ausladenden Handbewegung bot er uns Platz an :"Bitte, wo Sie wollen!"

Mit der üblichen Frage :"Woher kommen Sie?" kam das Gespäch schnell in Gang. „Aus Deutschland!", „Nein, wo waren Sie jetzt?". Mir fiel sofort Astol ein, die Insel, die den größten Eindruck auf mich gemacht hat. Er kannte Astol gut und redete sich in Begeisterung. Die Frau nickte freundliche Zustimmung. „Dann sind Sie also unsere ganze schöne Küste hochgesegelt!". Jörg erklärte : „Nein, wir sind von Skagen gekommen!". „So, von Skagen," wiederholte er nachdenklich, „über das gefährliche und unberechenbare Kattegat!". Die junge Frau schickte ihm einen eigenartigen Blick hinüber, der mir fast geringschätzig erschien. Ich empfand diese Sekunden als peinlich.

Der Mann griff nach einer unangemessen wirkenden Pause das Gespräch wieder auf, und der Tonfall war ein wenig gereizt, wohl auch spöttisch und aggressiv. „Sie sind doch die Mutter von diesem netten jungen Mann?" „Sieht man es nicht?" „Kann es nicht auch anders sein ?". Ich unterdrückte meine aufkommende Wut über seine Frechheit und griff seinen spöttischen Tonfall auf . „Und wenn es anders wäre ?"

Das war es also, worauf er hinauswollte ! Ich überlegte sorgsam und hatte Mühe, meine Erregung zu verbergen. „Wenn ein Vater mit einer schönen Tochter segelt, dann klatschen die Leute Beifall. Wenn eine Mutter mit ihrem ansehnlichen Sohn segelt, dann klatschen die Leute auch, aber keinen Beifall ! Ist es nicht so ?". Seine Erwiderung fiel ihm nicht leicht . Erst einmal verfiel er in eine typische schwedische Redensart. „Ja, sso ! und verschaffte sich Luft. Dann wurde er ungewöhnlich ernst und sah mir fest in die Augen : "Als Mann schmücke ich mich mit einer schönen Frau !"und sah bewundernd zu seiner Begleiterin hinüber. „Ich habe eine Glatze und einen dikken Bauch. Sie kann sich mit mir nicht schmücken". Ich griff den Faden auf . „Sehen Sie, ich habe weder eine Glatze noch einen dicken Bauch...".Er fiel mir ins Wort: "Darum ist es bei Ihnen eben anders als bei mir. Und Sie schmücken sich mit diesem hübschen jungen Mann !". „Sie weichen mir aus ! Wieso finden Sie es merkwürdig, dass ich mit meinem Sohn segel ?" „Ich gönne Ihnen diesen kräftigen jungen Mann !". Er taxierte mich von oben bis unten. „Sie sind noch lange nicht jenseits von Gut und Böse ! Sagt man das auch so in Deutsch ?" „Und Sie gehören auch noch nicht ins Altersheim !". Über diese Ungeheuerlichkeit habe ich mich selbst erschrocken, aber nun war es raus und ließ sich nicht zurücknehmen. Er bekam einen hochroten Kopf : "Würde ich sonst mit ihr segeln ?" wies er auf die junge Frau und sah sie lange an.

War sie doch Geliebte ? Oder sogar Ehefrau ? Oder doch Tochter, wie es anfangs mir vorgekommen ist ? Alles war möglich. Sie hatte unser Gespräch aufmerksam verfolgt. Das Erlebnis Astol begleitete sie mit unverhohlener

Freude, die bissige Diskussion unwillig, teils sogar verärgert. Am meisten hatte sie sich mit Jörg beschäftigt, sah immer wieder zu ihm hin, vermied es aber, mit ihm in Augenkontakt zu treten.

Im Innern wurde ich wieder friedlich. Ich war wütend über mich, dass ich das Gespräch so verbissen geführt hatte. Eine Runde wie diese habe ich in der Vergangenheit eigentlich immer zu einem Flirt benutzt. Er macht mir Spaß, meinem Gegenüber auch, schadet niemandem und schafft kein böses Blut. Im Grunde war das Unverschämte, was mir der Mann unterstellte, ein Kompliment. War ich sogar für einen jungen Mann noch begehrenswert ? Fand er mich selbst für sexy ? Konnte eine Frau wie ich, fast verbraucht durch eine anstrengende Seemannsehe und drei Kindern überhaupt noch attraktiv sein ? Den bloßen Gedanken daran habe ich als wohltuend empfunden, geglaubt habe ich mir selbst nicht.

„Sie wollen sicher nun nach Süden, Richtung Heimat ?" Er wartete meine Antwort nicht ab und fuhr fort : " Glauben Sie an Astrologie ?" und wieder gab er sich die Antwort selbst : "Nein ? Sie müssen Tycho Brahe trotzdem besuchen. Er war zwar Däne, aber das macht nichts. Der berühmteste Astrologe seiner Zeit. Er hat Wallenstein beraten. Wie Sie wissen, leider vergeblich. Wallenstein ist ermordet worden. Grrr!"und er machte dazu die Bewegung des Halsabschneidens. „Seine Insel Hven liegt auf Ihrem Weg, gleich im Nordteil des Öresundes !"

Der Abend ist dann doch noch harmonisch zu Ende gegangen. Mag sein, dass es der gute Rotwein machte, den er uns kredenzte,   das angenehme Wetter und   sicher auch, dass er Lebensart hatte.   Er würde für den Rest seines Lebens ein Macho bleiben. Beim Abschied sah ich, dass beide den gleichen goldenen Ring trugen, verziert mit kleinen Brillanten.

„Was hältst du von dem Mann ?" habe ich hinterher Jörg gefragt . Er lachte mich an : "Die Frau war lecker !— Das mit Wallenstein stimmt nicht. Tycho Brahe ist lange vor Wallenstein gestorben !"

16. Kapitel

Axel und Thomas

Das ungleiche Ehepaar aus dem letzten Hafen hat uns noch eine kleine Weile beschäftigt. Nicht tiefgehend, sondern eher so, wie die Regenbogenpresse damit umgeht, Beschäftigung mit dem Auffälligen aus Langerweile. Jörg war es nach kurzer Zeit lästig geworden. Ich müsste lügen, wenn ich hier behaupten würde, wir hätten nur in den akademischen Höhen des Lebens gehaust. Das meiste ist nun einmal der ganz und gar gewöhnliche Alltag meines Lebens, des Lebens mit Ernst und mit den Kindern gewesen. Aber niemals zuvor hatte ich Gelegenheit, mir so deutlich Klarheit über mein Leben zu verschaffen.

Ernsts Tod hatte mir gezeigt, wie brüchig unsere Existenz ist. Vor Fragen an mich hatte ich nun keine Scheu mehr. Es entstand eine gewisse Lust in mir, mich zu quälen. Ich hatte das Gefühl, dass jetzt auch mein Leben am Ende war. Ich brauchte mich vor nichts mehr zu fürchten. Das Mitleid hatte nur mich als Gegenstand. Ich habe bald gemerkt, dass das nicht genug ist, um wieder am Leben teilnehmen zu können.

Alle Kinder haben mir geholfen, dass ich mit den Füßen am Boden blieb. Diese Reise nun, in der ich gebraucht wurde, in der ich wieder zeigen konnte, zu welcher Leistung ich imstande bin, hat mir den letzten Rest des Selbstmitleids ausgetrieben. Nicht zuletzt war es die Nüchternheit, mit der Jörg an alle Dinge heranging, auch an die geistigen, die mich wieder lebenstüchtig machte. Er drängte nicht, wartete geduldig, bis ich mich selbst widerlegte und zitierte meine eigenen Worte. Ich habe eine ganze Weile gebraucht, bis ich begriffen hatte, dass er mich nicht quälen wollte, sondern mir helfen.

Mehrere Male war ich vom neuerlichen Absturz in das zerstörende Selbstmitleid bedroht. Anders als Ernst es konnte, offenbarte ich mich. „Hast du nicht immer von positivem Denken geredet ? Hast anderen Leuten kluge Ratschläge gegeben ! Welchen Rat würdest du jetzt einer anderen Frau geben, die in der gleichen Lage wie du bist ?". Wieso konnte er wissen, welche Ratschläge ich Ulla gegeben hatte ? An einen anderen Menschen hatte ich nicht gedacht. Mir kam diese Umkehrung so komisch vor, dass ich über mich selbst lachen musste. Die dunklen Phasen sind danach immer weniger geworden.

Ich fand auch Mut, andere Gedanken wieder aufzugreifen, die mir als Seemannsfrau sehr geholfen hatten. Einer der wichtigsten war und ist dieser : Wenn ich mich zu einer Sache fröhlich stelle, dann ist mein Tun danach durch diese Fröhlichkeit bestimmt. Mein Denken und Handeln wird mir leichter gemacht. Dadurch fällt mir auch meine Fröhlichkeit leichter, und mein Denken und Handeln erscheint mir nochmals dadurch verbessert und so weiter. Es entsteht eine Spirale, die mich nach oben führt. Umgekehrt entsteht durch eine traurige Denkweise eine Spirale, die nach unten führen muss, und niemand kann vorhersehen, wo sie endet. Ich habe manches Mal gedacht, dass Ernst sich aus einer solchen Spirale ins Unheil nicht mehr hat befreien können. Jörg ist der gleichen Meinung.

Ich habe es beim Segeln als so beglückend empfunden, dass man nie lange Zeit hat , sich in seinen Elfenbeinturm zu vergraben. Einmal ist es die frische Luft, die die Gedanken „von kränkelnder Blässe" befreit und dass das Schiff immer wieder Aufmerksamkeit einfordert. Wenn ich mich bemüht habe, positiv zu denken, dann bekamen die Wolken Gesichter, die Wellen wurden zu Gebilden voller Schönheit, jede Möwe entzückte mich mit ihrem eleganten Flug. Ich fing an, mit den Vögeln zu reden. Nils Holgersson konnte jederzeit auftauchen. Jeder von uns beobachtete das Gesicht des anderen und fand die Schönheit des Augenblicks darin gespiegelt. Wir haben uns in solchen Augenblicken häufig angelacht, wussten nicht, warum und haben es doch gespürt.

Der kleine Hafen mit „Vater und Tochter" war der erste in einer ganzen Reihe winziger Häfen gewesen, in denen wir wieder duschen konnten. Wo man weder Dusche noch eigenes WC vorfand, verlangte auch niemand Hafengeld. Weiter nach Süden zu ließen wir die schwedische Urlandschaft hinter uns. Wir waren richtig ein bisschen traurig darüber. Der Schärengarten, wie die Schweden zu ihrem Schärengürtel sagen, wurde weitläufiger, dann und wann konnte man das offene Wasser des Kattegatt sehen. Wellen und Dünung konnten in den Schärengarten hineinlaufen und machten das Segeln häufig wieder zu einer nassen Angelegenheit.

Die zunehmende Zahl großer Überseeschiffe in unserer Nähe machte mir Angst. Göteborg war nicht fern. Eigentlich hatten wir vor, uns die als interessant bekannte Stadt anzusehen. Weit draußen schon verpesteten Raffinerien die Luft, hing blaugrauer Rauch über der ganzen Gegend. Unter dem hässlichen Schirm aus Dreck die vielen kleineren und größeren Schiffe luden auch nicht gerade ein, Göteborg die Aufwartung zu machen. In der Ansteuerung wurde es richtig ungemütlich. Diesen Stress waren wir nicht gewohnt. Jörg verzog das Gesicht : "Willst du da hin ?". Ich rümpfte die Nase. Damit war dieses Thema abgehakt.

Seit Skagen hatte sich die stabile Schönwetterlage aufgelöst. Tage mit Sonne wechselten mit Perioden von Wind und Regen ab. Fast jeden Tag, seit wir die schützenden Binnenschären verlassen hatten, mussten wir überlegen, ob wir die Weiterfahrt riskieren können. Jörg hat mir einige Male den Gefallen getan und ist im Hafen geblieben, obwohl er ganz gern den aufregenden Ritt mit dem seetüchtigen Boot gewagt hätte. Immer, wenn es kräftig wehte, kam der Wind aus der richtigen Richtung für unseren Südkurs, wenn schönes Wetter war, mussten wir gegenan. Dann und wann hatte ich Sehnsucht nach einem richtig weichen Bett anstelle der durchgelegenen dünnen Schaumstoffauflage. Und auch, ein kräftiges Steak zwischen die Zähne zu bekommen. Die Bewegungen des Schiffes störten mich weder auf See noch im Hafen.

Wir hatten es eilig, von der bedrohlichen Ansteuerung nach Göteborg wegzukommen. Ein paar kräftige Windstöße gaukelten uns eine hastige Flucht vor. Den Rest musste wieder der Motor tun. Er fing an zu stottern und drohte, stehenzubleiben. Jörg machte sich auf, den Fehler zu suchen. Er hatte darin Erfahrung und hat nie Angst vor dreckigen Pfoten gehabt. Das Werkzeug hatte er schon bereit gelegt und war dabei, den Kopf in die unvorstellbare Enge des kleinen Motorraumes zu stecken. Die Maschine hatten wir dazu abstellen müssen und dümpelten nun recht unangenehm in der von draußen kommenden Dünung. Ich fragte ganz arglos: „Wann hast du zuletzt getankt?". Normalerweise hätte Jörg mich mitleidig und zugleich beleidigt angesehen. Er richtete sich wieder auf. „Scheiß!". „Wieso, ist doch was kaputt?". „Neiiin, ich dummer Hund habe vergessen, Diesel nachzufüllen!".

Wenn es das Wetter und der Seegang erlaubte haben wir beide gelesen. Jörg hatte sich eine ganze Bibliothek von Büchern über die Geschichte der Schiffahrt und über berühmt gewordene Expeditionen mitgenommen. Mein Bücherschatz bestand aus Frauenliteratur. Jörgs Literatur war mir zu aufregend. Ein Außenstehender muss gedacht haben, dass jeder von uns vor sich hin dröhnt. Die Zeiten, in denen es wirklich so war, haben wir nötig gehabt, um den offenen oder auch versteckten Stress abzubauen. Schon das Zusammenleben auf so engem Raum, einer Kajüte von knapp 2 m Breite und ebensolcher Länge stellt erhebliche Anforderungen an die Friedfertigkeit der Segler. Die Haushaltsführung hat mir die wenigsten Probleme bereitet. Von unserem noch kleineren Schiff war ich alles gewohnt und es hat mich nie gestört.

Von offener Aggressivität war bei Jörg und mir selten etwas zu spüren. Es war eigentlich immer nur ein kurzes Knurren mit der wortlosen Mahnung : Lass mich in Ruhe ! Jörg ließ mich sowieso weitgehend unbehelligt und war meistens mit sich beschäftigt. In den gesprächigen Zeiten war er geduldig und nie rechthaberisch. Das getreue Abbild seines Vaters. Genug Gesprächsstoff hatten wir immer. Die tägliche Routenplanung, die vielen Erlebnisse unterwegs, die uns beschäftigten und natürlich unsere eigene Lebensgeschichte, das Leben mit Ernst.

Vater und „Tochter", die ja Ehefrau war, kamen uns noch einmal in den Sinn. Der Mann hatte von seiner Bugstrahlanlage geschwärmt und wie schön es sei, an Bord einen Elektroherd mit Backofen nebst Kühlschrank für den Proviant und nicht nur für das Getränk zu haben. Wir hatten Mühe, ernst zu bleiben. Wofür hielt er uns ? Er konnte es sich leisten, auf recht großem Fuß zu leben und konnte zu unserem höchst bescheidenen Lebenstil keinen Zugang haben. Einen Gesprächspartner, der die gleichen Sorgen wie wir hat, habe ich mir gewünscht, und der Wunsch wurde mit jedem Tag stärker.

Seit fast vier Wochen lebten wir nun schon abgeschnitten von der übrigen Welt, wussten kaum, was zu Haus passiert, schon gar nicht, was in der übrigen Welt geschieht. In meinem Mikrokosmos lebte außer mir nur noch Jörg. Die „Samba" war ein kleiner Planet, auf dem zwei merkwürdige Wesen leben. Der kleine Prinz würde uns genau wie in der nachdenklichen Geschichte von Exupery fragen: "Was macht ihr da?" Erstaunt hätte er weiter gefragt: „Und warum macht ihr das?".

Ernst hätte auf seinem Frachter wenigstens antworten können: "Weil ich Geld verdienen muss!". Aber sonst bestanden viele Gemeinsamkeiten zwischen ihm und uns. Ihm wie uns musste die übrige Welt immer fremder werden, je länger die Reise dauerte. Dieser Gedanke war mir unheimlich. Dass ich mir eingestehen musste, in einer vergleichbaren Welt wie Ernst damals zu leben, brachte mir Ernsts Seefahrtzeit wieder so nahe, wie nie jemals zuvor. Dieses Bewusstsein hat nicht getröstet, es hat auch nicht neue Trauer bewirkt, sondern eine Art kalten Wind erzeugt, der um mich herum und an mir hoch einen kalten Schauer erzeugte. Als wenn eine kalte Hand nach mir griffe.

Zum Glück habe ich solche Gedanken nicht bis ins Unendliche weiterspinnen müssen. Irgend etwas hat mich immer abgelenkt und mich auf die Erde, auf meinen kleinen Planeten, zurückgeholt.

Der Wind hatte wieder zugelegt, doch so, daß er uns gut voranbrachte. Jörg jubelte. Das Schiff hatte sich hart auf die Seite gelegt, wir mussten uns in der Plicht mit den Füßen auf der Gegenseite energisch abstützen. Die Pinne konnte ich schon lange nicht mehr halten. Das Wasser rauschte an uns vorbei, gurgelte, tobte und schickte uns fortlaufend Wolken von Gischt in die Plicht. Die Wellen waren nicht sonderlich hoch, das Schiff lag noch einigermaßen ruhig in der See,doch genug, uns in unserem Ölzeug triefnass zu machen.

Solches Segeln mochte ich nicht. „Wollen wir nicht lieber reffen ?", fragte ich ihn, die Segelfläche verkleinern. „Wenn wir es nicht jetzt tun wird es womöglich später fast unmöglich ! Ich kann mich schon jetzt kaum noch auf dem Vordeck halten !". Er dachte eine ganze Weile nach. Ich konnte ihm ansehen, dass er am liebsten diese rauschende Fahrt beibehalten hätte. Wir haben also gerefft, und der Wind war wieder weg. Den Rest haben wir sogar unter Motor zurücklegen müssen. Jörg zuckte wie gleichgültig mit den Schultern. Dass es in ihm ganz anders aussah, war mir klar .

Nach Ausweis des Hafenhandbuches sollte es wieder ein wenig einladender Hafen sein. Er hatte aber Atmosphäre und Dusche und WC waren gut gepflegt. Wieder waren wir die einzigen Deutschen hier. Ein bisschen fühlte ich mich dadurch ausgezeichnet, sozusagen etwas Besonderes zu sein und nicht in der Masse unterzugehen. Die schwedischen Familien waren niemals richtig Fremde für mich gewesen. Dazu sind sie und bin auch ich viel zu kontaktfreudig. Aber die Sprache ist doch ein kaum zu überwindendes Hindernis, selbst wenn viele Schweden sich bemühten , Deutsch zu sprechen. Jörg hat häufiger Englisch mit den Schweden gesprochen, was diese gern tun. Ich hatte aber nie den Eindruck, dass diese Gespräche nennenswert über das Woher ? und Wohin ? hinausgegangen waren.

Ich habe also wieder aus unseren bescheidenen Vorräten unser Essen zubereitet, das Jörg wie fast immer, gut gemundet hat. Mir hat es nicht immer so gut wie ihm geschmeckt. Der bloße Gedanke an ein frugales Festessen mit Braten, Soße, Gemüse und neuen Kartoffeln, einer guten Fleischbrühe vorweg und Erdbeeren mit Vanille-Eis und Schlagsahne ließ mir das Wasser im Mund zusammenlaufen. Ich habe nichts von meinen Gedanken gesagt. Ich wollte Jörg nicht quälen. Von seiner Sehnsucht nach einer guten Flasche Wein und einem frischen Bier hat er häufiger als ich gesprochen.

Nach einer kurzen Ruhe, unserem „Bubu", sind wir an Land gestiegen und haben uns im Hafen umgesehen. Es gab nichts Auffälliges zu sehen, außer ein paar Schiffen, die Jörgs Interesse weckten. Er kam mir vor wie ein kleiner Junge, der seine Nase voller Sehnsucht nach einer elektrischen Eisenbahn an die Schaufensterscheibe drückt. Was er mir erklärte, verstand ich wohl, ließ mich aber nicht in Begeisterung fallen. Ich habe ihm den Gefallen getan und zeigte die gleiche Rührung wie er.

In diesem kleinen Ort wohnten offenbar nur noch wenige, die dem Fischfang nachgingen. Wir haben nur Ältere gesehen. Die Jüngeren waren, wie in vielen dieser Orte, weggezogen. Die unmittelbare Umgebung des Hafens war kahl. Die größeren Bäume hatten dem starken Wind auf die Dauer nicht standhalten können. Ein paar kleinere, verkrüppelte, waren vom vorherrschenden Westwind nach Osten tief gebeugt worden. Das Wunder verbarg sich wieder unscheinbar flach über dem Boden : winzige Pflänzchen, übersät mit ebenso winzigen Blüten, deren Pracht man erst mit einer Lupe entdecken würde. Wir haben diese Wunder zuerst in unseren Ferien in Cuxhaven kennengelernt. Jörg hat viele davon photographiert.

Eine Yacht kam herein. Wir trotteten hin und halfen beim Festmachen. Es war eine deutsche Yacht und bemannt mit zwei jungen Männern, ungefähr im gleichen Alter wie Jörg. Sie bedankten sich und machten sich daran, ihr Schiff aufzuklaren. Ich war froh, endlich wieder deutsche Laute zu hören und hoffte darauf, dass wir uns später zusammensetzen würden.

Unser Spaziergang hatte uns länger aufgehalten, als wir eigentlich vorgehabt hatten. Die beiden jungen Männer standen vor unserem Schiff und hatten auf uns gewartet. Sie hatten eine Flasche Rotwein mitgebracht. Jörg machte Stielaugen. Ich stieß ihn an. Wir konnten noch eine ganze Weile draußen in der Plicht sitzen. Hell genug war es sowieso und auch noch einigermaßen warm. Sie hatten sich vorgestellt : Axel und Thomas, Schiff und Besatzung aus Hamburg, zu Hause in einem Segelclub, den wir gut kannten.

Über das übliche Woher ? und Wohin ? stellten wir fest, dass sie, wenigstens für die nächsten Tage, den gleichen Weg wie wir hatten. Wir mochten uns. Mag sein, dass es das gleiche Schicksal der Familie war , wie es uns betroffen hatte. Axels Mutter war vor einigen Jahren Witwe geworden. Das Schiff hatte ihr und ihrem Mann gehört. Nach dem Tod des Mannes hatte sie die Lust zum Segeln weitgehend verloren und das schöne Schiff ihrem Sohn überlassen. Wir haben uns das Schiff am gleichen Abend noch angesehen. Es war nicht nur größer als die bescheidene „Samba", es war auch technisch unvergleichlich besser ausgerüstet. Man hätte neidisch werden können.

Die beiden studierten und hatten noch viel Zeit. Einer der drei Männer warf den Gedanken „Bornholm" in die Runde. Ich konnte mir zu diesem Zeitpunkt darunter nichts vorstellen. Die Insel lag in meiner Vorstellung irgendwo im Meer, für uns praktisch unerreichbar. Ich habe den Gedanken an Bornholm einfach für eine jugendliche Spinnerei gehalten.

Noch in der Nacht hatten wir miteinander verabredet , für die nächsten Tage zusammenzubleiben. Abends würden wir jeweils verabreden, wie es weitergehen sollte. Ich war zufrieden.

17. Kapitel

Glommen

Als wir am Vormittag in Lervik ablegten, war guter Segelwind : Wind aus West und anständige Windstärken von 3 bis 4 Beaufort. Später sollte es ein bisschen zunehmen, aber nur ein bisschen. Das war für uns genau die richtige Windstärke und auch die richtige Richtung, um vernünftig voranzukommen, ohne dass der Seegang ungemütlich sein würde. Graue Wolkenwalzen in der Ferne im Westen warnten uns wenige Stunden später. Mit ihnen sind immer Böen und unangenehme Winddrehungen verbunden. Das sollte „ein bisschen mehr" sein ?

Einige Stunden hindurch passierte nichts weiter. Der Wind hielt sich, der Seegang auch. An den Landmarken, vor allem an Schornsteinen, Kirchtürmen und Leuchttürmen konnten wir ablesen, wo wir standen. Jörg war zufrieden, blieb angespannt wachsam. Ich kam ebenso nicht recht zur Ruhe. Meine aufkommende Angst konnte ich noch gerade im Zaun halten. Wir haben nicht viel miteinander geredet , und wenn, dann ging es um die Entwicklung des Wetters, das sich immer noch hielt. Ein paar Böen kamen auf, noch schwach und ungefährlich. Reffen brauchten wir noch nicht, hatten aber verabredet, dass es bald geschehen sollte. Noch war Jörg von der flotten Fahrt angetan. Mir hat es auch noch Spaß gemacht. Zum ersten Mal war ich mir bewusst , dass wir auf der Heimreise sind. Von der Ungeduld, die mich beim Weg nach Hause regelmäßig packt, war ich noch weit genug entfernt.

Meine Gedanken waren wie kleine Vögel, sie schwirrten um mich herum und ließen sich nicht greifen. Immerhin konnte ich sie einordnen und den Weg verfolgen, den ich gemeinsam mit Ernst gegangen war , seit er 1970 an Land war. Ich ver suchte, mich zu erinnern, mit welchen Erwartungen ich an den neuen Lebensabschnitt herangegangen war. Es müssen die gleichen gewesen sein, wie bei den vorherigen Versuchen , die so unglücklich ausgegangen waren. „Kannst du dich noch daran erinnern, wie es war , als Vater endlich an Land ging?" „Natürlich. Ich habe mich furchtbar gefreut !" „Mehr nicht ?". Natürlich ist es mehr gewesen. Aber ein damals 7Jähriger konnte es nicht ausdrücken. Jörg konnte mir nicht helfen, Uwe genau so wenig, vielleicht Karin, denn sie ist ja 3 Jahre älter als die Brüder. Bisher waren wir noch nicht so weit gekommen.

Ich konnte mich allmählich erinnern. Meine Erwartungen waren, wie ich es heute sehe, unrealistisch, überzogen. Ernst war an Land, und wir sollten stante pede eine ganz normale Familie von Landbewohnern sein. Sicher war ich enttäuscht, als es anders war. Statt den neuen Zustand dankbar zu genießen, musste ich mir ständig Sorgen über Ernst machen, der geschäftlich viel unterwegs war , viel zu oft, und fast immer verärgert und abgekämpft zurückkam. In den wenigen ruhigen Stunden war ich mir darüber im Klaren, dass auch diese Stellung nicht von Dauer sein konnte. Was danach ? Zur See wollte Ernst nicht wieder, von der Schiffahrt hatte er die Nase voll.

Die Kinder schienen nicht viel von dieser Bedrängnis zu spüren. Nur Karin hat sehr viel später gesagt, dass sie diese Zeit als unheimlich empfunden hat. Die hochgesteckten Erwartungen der Kinder hat Ernst weitgehend erfüllen können. Meine im Grunde auch, wenn nur nicht die ständige Angst und Sorge gewesen wäre. Ich habe alles getan,was ich tun konnte , um zu einem sinnvollen und harmonischen Familienleben zu kommen. Vielleicht habe ich manches Mal zuviel des Guten getan. Bestimmt habe ich Ernst gelegentlich überfordert. Er ließ es sich gefallen und mühte sich redlich.

Ernst hatte viele Begabungen. Die meisten konnte er nicht ausleben. Seine Skizzen von unterwegs waren meisterhaft und verrieten sein Talent. Im Alltagstrott ist nicht viel davon geblieben. Die Kinder haben ihn aufgefordert, endlich wieder zu zeichnen, so witzig wie von unterwegs. Es ging einfach nicht. Er begann und legte enttäuscht von sich selbst den Stift aus der Hand. Ganz, ganz selten gelangen ihm Meisterstücke der alten Art.

Ich hatte nicht viel Zeit, meine Gedanken zu Ende zu denken. Die Böenfront kam rasch näher, und wir refften, so schnell es ging. Die ersten harten Böen knallen uns um die Ohren, während ich die letzten Handgriffe tat. „Wollen wir nicht lieber umkehren ?" „Das geht nicht, wir kommen nicht mehr gegenan !". Ich habe es eingesehen, denn der Seegang hatte stark zugenommen, der Wind hatte fast auf Nord gedreht und stand nun nahezu achterlich. Bis zum nächsten Hafen war es noch eine ganze Strecke. „Wie lange brauchen wir bis Glommen ?" „Mindestens drei Stunden !". Ich redete mir gut zu : "Du hast bisher jeden Sturm überstanden , und mit der kleinen DAMMTOR in der Biscaya war es viel, viel schlimmer !".

Der Wind legte zwar zu, blies aber ziemlich gleichmäßig. Die stürmische Kaltfront war durchgezogen, eine zweite kam nicht hinterher. Eine lange Dünung kam auf, so lang und so hoch, wie ich sie mit einem so kleinen Schiff noch nie erlebt hatte. Das waren Wellen wie im Atlantik ! Die schwedische Küste war nicht weit weg. In den Wellentälern blieb nichts von ihr zu sehen, war nur Wasser rings um uns her , wie in einem Talkessel. Oben auf dem Wellenkamm begann die gute „Samba" zu surfen, nahm unheimlich Fahrt auf, beschleunigt von der Bewegung des Wassers, wurde im Tal wieder abgebremst, schien auf der Stelle zu stehen, wartete auf den nächsten Berg, der das Schiff mit sich zu rauschender Fahrt riss und schließlich unter dem Schiff hindurchlief. Jörg hatte Mühe, das Schiff vor dem Querschlagen zu bewahren, musste die Zähne zusammenbeißen. Und immer wieder der Rausch der Geschwindigkeit, wenn die See das Schiff mit sich zog und die Sorge, die See könnte im Tal über uns herfallen und uns erdrücken. Aber die Welle erfasste fast zärtlich das winzige Schiff, hob es an und machte es zu seinem Begleiter.

Irgendwann haben wir gemerkt, dass uns keine Gefahr drohte. Unheimlich war es nur, wenn wir im Wellental nichts als Wasser um uns her sahen, Berge, die wir als riesig empfanden, ein ekliges Rattern und Zerren am stillstehenden Propeller in der Wahnsinnsfahrt den Wasserberg hinunter. Ich empfand eine teuflische Freude, die aus Rausch und Angst zusammengesetzt war. Jörg hat hinterher gesagt, ihm sei es genau so ergangen. An Navigation war nicht zu denken. Wir segelten drauf los und hofften, dass wir richtig auf Glommen zuliefen. Jörg sagte mir hinterher, er hätte die Karte im Kopf gehabt. Die Ansteuerung zu finden sei auch nicht schwierig gewesen.

Unmittelbar vor Glommen türmten sich die Wellen noch höher auf, als wir bisher erlebt hatten. „Wir haben nur einen Versuch frei !", sagte Jörg. „Und dann ?". Er sagte gar nichts. Fast immer hatten wir vor dem Hafen die Segel geborgen und waren unter Motor eingelaufen. „Ich kann hier nicht nach vorn," schrie ich Jörg zu. Er zeigte mir : "Bleib hier und sichere dich weiter !". Ganz vorsichtig stand er auf, klemmte sich fest, wo es irgend ging, um nicht umzufallen, startete die Maschine und steuerte mit zusammengebissenen Lippen auf die schmale Einfahrt zu. Der Winddruck auf die Segel ließ das Schiff mit hoher Fahrt laufen, im Grunde viel zu schnell für eine so schmale und gefährliche Einfahrt. Ein ungewöhnlich hoher Brecher, ein Kavenzmann, wie die Seeleute sagen, warf uns aus dem Kurs, und nur die mitlaufende Maschine half, das Unheil abzuwenden.

Im Hafen, erst einmal ein Vorhafen, der den eigentlichen Hafen schützt, merkten wir, dass der Wind nochmals zugenommen hatte. Vom Seegang war nicht viel nachgeblieben, das Wasser blieb aber noch unruhig . Nun konnte ich die Segel bergen. Gegen den starken Wind hatte ich nur wenig Chance. Er riss mir immer wieder das Tuch aus den Händen, oder ich musste es loslassen, um nicht über Bord geworfen zu werden. Jörg versuchte, das Schiff so zum Wind zu legen, dass ich überhaupt Aussicht hatte, das tobende Tuch zu bändigen. Das schaffte er immer nur für kurze Zeit, dann war das kleine Hafenbecken zu Ende, und er musste einen neuen Anlauf fahren. Und jedesmal blieb der Wind Sieger und blies die Segel ins Wasser und in die Luft. Bei jedem neuen Versuch erdachte ich eine neue Finte, um den Wind doch noch besiegen zu können. Jedesmal ging es daneben.

Meine Arme wurden mit jedem neuen Versuch lahmer, meine Aufmerksamkeit baute ab, das immer noch schaukelnde Schiff schleuderte mich gegen Mast und Relingstützen, dass ich hätte vor Schmerzen schreien mögen. Jörg schrie mir etwas zu, helfen konnte er mir nicht. Eine größere Yacht mit schon geborgenen Segeln schob sich an uns vorbei, schnitt uns den Weg ab. Jörg musste das Schiff wieder dem vollen Wind aussetzen, und meine Arbeit, die ich schon als gelungen sah, war wieder vertan. Ich habe nicht gezählt, wie häufig Jörg einen Vollkreis gefahren hat, bis ich es geschafft hatte. Er sagt, mindestens drei. Ich hatte den Eindruck, es seien hundert gewesen.

Als erstes haben wir unser Ölzeug ausgezogen. Zu mehr reichten die Kräfte nicht. Unter dem Ölzeug waren wir klitschnass vor Schweiß. Das Wetter war trocken geblieben und ziemlich warm. In der Plicht haben wir erst einmal die Beine lang gemacht und tief Luft geholt. Dann haben wir uns langsam an die Arbeit gemacht und das Schiff aufgeklart. Zum Essenkochen hatte ich keine Lust, ein Lokal oder wenigstens eine Frittenbude war nicht zu sehen. So musste ich mich doch noch überwinden. Nudeln mit Fleisch, in Zwiebeln angebraten, Ketchup drüber und fertig. Vor meinen inneren Augen schwebte ein kühles Bier, unerreichbar für mich.

Eine Stimme sagte mir, dass die Beiden zu Hause in Sorge um uns waren. Als wenn ich abwechselnd die Stimmen von Uwe und Karin hörte, jede in ihrem eigenen Tonfall. Karin sagte : „Gottseidank, dass Ihr im Hafen seid !". Uwe meckerte : "Ihr seid verrückt, bei solchem Wetter zu segeln !". Wir haben nach einer kurzen Bubu-Pause eine Telefonzelle gefunden und beide tatsächlich erreicht. Erst berichtete ich Karin, und spielte die Geschichte herunter. „Gottseidank, dass Ihr im Hafen seid !", sagte sie , und ich musste fürchterlich lachen. „Warum lachst du ?" „Genau so habe ich dich in meinem Gedankentelefon gehört, und genau so, wie du es eben gesagt hast !". Uwe meckerte : "Ihr seid ganz schön verrückt, dass ihr bei solchem Wind rausgeht! Mein Bruder hat 'ne Meise, sag ihm dass !" „Sag ihm das man selbst, er steht neben mir !".

Was die beiden miteinander redeten und wie sie das taten, gehört zum Rätselhaften dieser brüderlichen Beziehung. Uwe am anderen Ende konnte ich nicht verstehen, und was Jörg ihm sagte, begriff ich nicht. Es war nur das Übliche, an dem höchstens Karin Anteil hatte.

Während der Reise hatte ich mir manchmal Gedanken darüber gemacht, dass Jörg durch unsere wochenlange Gemeinsamkeit mir gegenüber eine Sonderstellung bekommen würde. Dieser Gedanke hat mich ziemlich belastet, denn bis zum Beginn dieser Reise standen alle drei Kinder mir gleich nahe und keines hatte sich jemals nach vorn gespielt und die Geschwister zurückgedrängt. Eine Begründung dafür habe ich nie gefunden, allerdings auch nur selten danach gesucht. Es war eben so.

Jetzt, wo ich mehr Gelegenheit hatte, mich damit zu befassen und auch Jörg danach zu fragen, glaubte ich, der Lösung näherzukommen. Jörg meinte nur knapp und trocken : "Wir sind eben Zwillinge!" „Und Karin?" „Die gehört dazu !". Das mit den Zwillingen stimmt natürlich. Das mit Karin nur zur Hälfte. Ich hatte mit einemmal ihre kreischende Stimme, die der Dreijährigen, im Ohr, als sie unentwegt nach der Geburt der Jungs schrie: "Meine Babies, meine Babies !". Das war ihre Sonderstellung, aber nicht mir gegenüber, sondern zu ihren Brüdern.

Solange Ernst zur See fuhr, waren wir, die Kinder und ich , so sehr aufeinander angewiesen, so sehr miteinander verbunden, dass für Rivalitäten offenbar kein Platz war. Die Raufereien der Jungs stehen auf einem ganz anderen Blatt, es sind nie Kämpfe um den ersten Platz in der Familie gewesen. Der Gedanke, dass es nach dieser Reise anders sein könnte, hat mich ziemlich beschäftigt. Mit den beiden Telefonaten hier in Glommen, zeigte sich ein ganz anderes, eigentlich nicht überraschendes Bild: Karin und Uwe waren über alle Einzelheiten informiert, als seien sie selbst an Bord gewesen und hätten mitgesegelt. Jörg hatte seine Geschwister in die Reise einbezogen, hatte sie teilnehmen lassen. Nichts von meinen Sorgen ist geblieben.

Ich versuchte, mich zu erinnern, wie die Drei zu Ernst standen, ob es bei ihm vielleicht eine Hackordnung gegeben hatte. Ich fand nichts, was darauf hinweisen konnte. Die gleiche Gesetzmäßigkeit, mit der die Drei mit mir umgingen, konnte nicht ohne weiteres bei Ernst anders sein. Es sei denn, er hätte durch sein Verhalten Rangkämpfe herausgefordert. Dem stand Ernsts Wesen entgegen. Karin und die Brüder beanspruchten von ihrem Vater unterschiedliche Bereiche, die Jungs den abenteuerlichen des Welterfahrenen, das Mädchen den zärtlichen, aufmerksamen.

Dass es anders hätte kommen können, nachdem Ernst an Land gegangen war, konnte ich mir nicht vorstellen. Die andauernde Unruhe in der Personalabteilung der ersten beiden Jahre war ja kaum anders als die Nervösität der Fahrtzeit. Unser Lebensstil, unser Umgang miteinander hatte sich kaum geändert. Nach wie vor waren die Kinder weitgehend auf mich angewiesen.

Dass es doch anders war, merkte ich, nachdem Ernst beim Arbeitsamt angefangen war und mehr Zeit für uns hatte. Es war kein Bruch, wie vor zwei Jahren, als Ernst die Seefahrt aufgab, sondern ein ruhiger, fast unmerklicher Übergang. Die Jungs waren selbständiger geworden. Wenn wir unterwegs waren, konnten wir uns auf sie verlassen, konnten ihnen genügend Freiheiten lassen. Karin als damals Vierzehnjährige hing ihren eigenen Gedanken nach, die ersten jungen Männer bemühten sich um sie. Die sonntäglichen Ausflüge machten wir noch alle zusammen. Die Jungs strolchten durch die Büsche und spielten Wildwest, Karin blieb bei uns und pflegte lange Gespräche mit ihrem Vater. Alles schien zu stimmen, bis auf das liebe Geld.

Die beiden, ziemlich langen Telefonate mit Karin und Uwe haben noch eine ganze Weile in mir ein wunderbares Glücksgefühl ausgelöst. Die Glucke Hildegard hatte ihre Küken wieder bei sich, wenigstens im Kopf. Dann fragte ich Jörg :"Wo sind denn Axel und Thomas ?". „Die sind nicht hier !" „Wir waren doch mit ihnen hier verabredet !" „In Galtabäk !" "Wo ist das ?" „Ein gutes Stück nördlich !" „Und warum sind wir hier ?" „Weil ich in der rauhen See die Einfahrt nicht ausmachen konnte." Wieder musste ich ihm die Würmer aus der Nase ziehen. Es muss dort gewesen sein, wo uns eine besonders rauhe und hohe See uns den Atem geraubt hatte. Im nächsten Hafen, nun nicht weit entfernt von hier, würden wir die beiden wiederfinden. Sie fehlten mir schon.

18. Kapitel

Hamlet

Nach unseren Telefonaten mit Hamburg hatten wir beide keine Lust mehr, den sonst üblichen Spaziergang zu machen. Ich fühlte mich wie zerschlagen, ausgelaugt. Die ganze Nacht hindurch hatte ich das Gefühl, auf einem wild tanzenden Schiff zu leben. Es lag aber ganz ruhig. Obwohl ich müde war und mich nach nichts mehr sehnte, als zu schlafen, wollte der Schlaf lange Zeit nicht kommen. Was hätte beim Ansteuern des Hafens nicht alles passieren können ? Was, wenn Jörg nicht so kaltblütig immer das Richtige getan hätte ? Wenn der Motor nicht angesprungen wäre ? Ich hatte Mühe, mich von diesen Gedanken zu befreien und noch mehr Mühe, diesen Tag positiv zu sehen. Waren wir nicht sogar mit diesem Sturmtag beschenkt worden ?

Ich wusste genau, wie sehr die Erinnerung an solche Erlebnisse Freude aufkommen lässt, Stolz darauf, damit fertig geworden zu sein und im Gespräch mit anderen Seglern eben diesen Stolz zeigen zu dürfen, ohne angeben zu müssen. Mir konnte keiner mehr. Ich hatte nicht nur die Nerven behalten, ich hatte auch meinen Mann - oder meine Frau - gestanden.

Natürlich kamen auch die Gedanken an Ernst wieder. Sie kamen und gingen jeden Tag, manchmal von mir herbeigerufen, manchmal unerwünscht und dann gewöhnlich quälend. Mir kamen Szenen wieder in den Sinn, als Ernst beim Arbeitsamt angefangen hatte und als Anwärter ungeheuer viel lernen musste, Staatsrecht, Verwaltungsrecht und die Anwendung in den unzähligen Verwaltungsanordnungen des Arbeitsamtes und so weiter. Er mühte sich, und hat sich dank seiner Intelligenz schnell das notwendige Rüstzeug angeeignet. Was heißt hier schnell ? Zwei Jahre mit einer Verwaltungsarbeit, zu der er im Grunde überhaupt nicht taugte, gegen die er sich innerlich sträubte und wegen seiner Familie immer wieder überwunden hat. Noch nach seinem Ausscheiden im September 1988 gab es Anzeichen dafür, dass er die Zeit auf dem Arbeitsamt als eine verlorene ansah. Die überaus trockene Arbeit der ersten beiden Jahre mit Lernen und einfachen Verwaltungsarbeiten hätte mir wahrscheinlich genau so wenig gefallen wie ihm.

Dass Ernst häufiger von der Seefahrt schwärmte und uns an die Elbe lotste, machte mich hellhörig. Nein, fahren wollte er auf keinen Fall wieder. Wenn wir am Strom saßen und aufs Wasser sahen, erzählte Ernst von seiner Seefahrtzeit und erklärte, was auf dem Wasser vor sich ging. Dann wieder war er ganz weit weg von uns und irgendwo, wo wir ihm nicht folgen konnten und auch nicht durften. Ich habe ihn leiden sehen. Gesagt hat er nichts davon. Wie lange wir in diesem Schwebezustand gelebt haben, kann ich nicht sagen. Einige Jahre werden es gewesen sein.

Eines Tages sprach er die erlösenden Worte : "Das könnte ich mir auch vorstellen !" und wies auf ein hübsches Segelboot, das die Elbe mit dem Ebbstrom hinunterdüste. Ich griff sofort zu : "Ob wir uns mal ein Schiff zulegen ?" Sein Blick blieb auf dem vorübergleitenden Schiff, und sein Gesicht strahlte. Dieses Eisen würde ich schmieden, solange es noch heiß war. Es ließ sich gut schmieden und hat mit Sicherheit geholfen, dass Ernst eine nicht gerade kurzweilige und manchmal sogar zermürbende Tätigkeit ertragen konnte. Wegen der regelmäßigen Arbeitszeit konnte sich auch sein Gesundheitszustand vollständig stabilisieren. Einiges brachte Abwechslung in den Behördenalltag, etwa, wenn er ausländische Seeleute am Bahnhof abholen und sie in ihr Quartier oder an Bord begleiten musste.

Wie war ich überhaupt auf diese Gedanken gekommen? Wie kommt ein Mensch auf einen bestimmten Gedanken? Manchmal ist es, als ob man wie vom Blitz getroffen ist, manchmal sind es Asoziationen, Gegenstände, die an Vergangenes erinnern, Menschen, die sich ähnlich verhalten, sogar bestimmte Gerüche lösen in mir Asoziationen aus. Wenn man so viele Jahre zusammenlebt, wie ich es mit Ernst getan habe, dann gibt es nur Weniges, was keine Asoziationen auslöst.

„Was liest du da?", fragte ich Jörg, der sich tief in ein Buch hineingedrückt hatte, das ich nicht kannte. „Nordische Geschichte!" „Ist die so interessant?". Erst einmal ließ er mich abblitzen, wollte nicht gestört werden. Ich zog mich in mein eigenes Buch zurück, das ich zum dritten Mal auf dieser Reise las. „Soll ich Kaffe kochen?", ging er nach einer gehörigen Weile wieder auf Tuchfühlung. Bei Kaffee und ein paar Keksen, die schon längst nicht mehr schmeckten und an vergammelte Schiffszwiebacke der Großsegler erinnerten, hat er dann ganz freiwillig Bericht erstattet. Als er mir von lang anhaltenden und erbitterten Kriegen ausgerechnet in Schweden und zwischen Dänemark und Schweden erzählte, habe ich ihn erst einmal ausgelacht. Diese friedlichen Nordmänner, die keiner Fliege etwas zuleide tun können, die bei jeder humanitären Aktion in der Welt an der Spitze stehen, sollten so unfriedlich wie die anderen Europäer gewesen sein?

„Du kennst doch Klaus Störtebeker?" „Natürlich, den kennt doch jeder Hamburger!" „Der hat hier mitgemischt, als die Dänen Stockholm belagerten und aushungern wollten!" „Von der Nordsee aus?" „Nein, von

Visby aus. Lebensmittel nach Stockholm, bis der Krieg zu Ende war und er arbeitslos !". So war er also als Arbeitsloser in die Nordsee gekommen und suchte dort Arbeit. Und die hat den Hanseaten in Hamburg und Bremen nicht gepasst. Den Lübeckern genau so wenig.

In Torekov haben wir Axel und Thomas wieder getroffen und sind seitdem zusammengeblieben. Es war mir seit Glommen viel zu aufregend, in Sorge zu sein, wo sie geblieben sind. „Bitte, tut mir das nicht wieder an !". Und dabei waren sie unschuldig, dass wir uns in Glommen nicht getroffen hatten. Nun konnten wir wieder zusammensitzen und ich brachte das Gespräch wieder auf die nordische Geschichte.

Da muss eine dänische Königin ein Superweib gewesen sein. Margarete soll sie gehießen haben. Erst einmal hat sie den norwegischen König geehelicht und anschließend sein Königreich dem ihren zugefügt. Der Mann hat offensichtlich nicht viel zu sagen gehabt. Erst 1905 hat Norwegen den letzten Rest Dänentum abgelegt, als sie ihre Hauptstadt vom dänischen Christiania in das norwegische Oslo umbenannten. Die Dänenherrschaft hatten sie einige Jahrzehnte zuvor abgeworfen. Die hat aber immerhin mehr als vier Jahrhunderte gedauert. Ich fing an zu rechnen : "Dann hat die Margarete so um 1400 herumgelebt ?". Das Kompliment, das mir die drei Männer zollten, war reiner Hohn.

Nun wollte ich ihnen weiter auf den Zahn fühlen ? „Was haben die Schweden mit der Margarete zu tun ?" „Die hat auch Schweden kassiert !" „Hat sie auch den schwedischen König geheiratet ?" „Nein, sie hat die Schweden nur ganz freundlich zur Kalmarer Union eingeladen !" „Freundlich ?" „Wie man es nimmt !" „Auch bis anno tobak ?" „Nee, eigentlich gar nicht. Die waren sich auch in der Union nie grün und haben dauernd Händel miteinander gehabt !" „Da war doch ein König, der nach dem Knäckebrot benannt worden ist !" „Waasa ?" Warum nur haben mich die Kerle ausgelacht ?

Vom Berg nahe dem wichtigen Leuchtfeuer Kullen, das die Nordeinfahrt zum Öresund sichert, hatten wir einen zauberhaften Blick über den Sund. Ein Panorama, das den Geschichtsunterricht zum Bild machte. Auf beiden Seiten die Festungen, Zeugnisse der kriegerischen Vergangenheit, die uns Heutigen unvorstellbar erscheint, das Schloss Kronsborg, Schauplatz des Hamlet-Dramas. Was ich über dieses Shakespearsche Stück wusste, konnte ich mit der dänisch-schwedischen Geschichte nicht zusammenbringen. Königsmord, vorgetäuschter Schwachsinn und die blutige Rache, die niemand überlebt - was hatten die damit zu tun ? Erst zu Hause konnte ich mich schlau machen : Gar nichts hatte es mit den nordischen Kriegswirren zu tun. Hamlet soll eine Sage gewesen sein, die mit einigen geschichtlichen Elementen bestückt gewesen sein soll. Vielleicht hatten wir bald sogar Gelegenheit, uns dort umzutun.

Jörg hatte sich während der Reise sehr mit der Himmelskunde, der Astronomie, beschäftigt. Vor einigen Jahren hatte er sich ein gutes Spiegelteleskop gekauft, um den Himmel über Hamburg beobachten zu können. Dabei war er ein guter Kenner des nördlichen Sternhimmels geworden und hatte Anschluss an das Planetarium gesucht. Es blieb ein Intermezzo. Der Himmel über Hamburg ist viel zu hell, um auch nur die wichtigsten Sternbilder beobachten zu können. Uwe hatte sich beteiligt, aber nicht das gleiche Interesse wie Jörg an der Himmelskunde aufbringen können. Ernst hatte auf See den Sternenhimmel in seiner ganzen Schönheit und in allen Einzelheiten beobachtet und versuchte, seinen Söhnen etwas davon nahezubringen. Er war genau wie die Brüder vom grellen Nachthimmel über der Stadt enttäuscht und zog sich zurück. Uwe hielt noch eine Weile durch und wandte sich dann auch ab. Jörg blieb letztlich nur die theoretische Beschäftigung und endlich, auf dieser Reise, wieder die staunende Entdeckung des Universums. Ich habe viel von ihm gelernt.

Kurz vorm Ablegen in Torekov zeigte mir Jörg ganz aufgeregt die Seekarte : „Da liegt die Insel Hven !" „Und ?" „Da hat Tycho Brahe gelebt !" „Hat der auch an einem dieser Kriege hier mitgewirkt ?" Jörg war ungehalten über meine Fragerei. „Tycho Brahe war der bedeutendste Astronom seiner Zeit !", betonte er. Ich spottete : „Aber mit der Powerfrau Margarete war er nicht verheiratet ?". Er war beleidigt. Kurz und knapp sagte er : „Wir gehen erst einmal nach Hven !".

Unterwegs legte sich sein Unmut, und ich konnte an das Gespräch anknüpfen : "Erkläre mir noch einmal für Dumme was das mit dem - wie heißt er noch ?- auf sich hat !". Er hat sich viel Mühe gegeben, mir das damalige Weltbild des Alls zu erklären. Verstanden habe ich kaum etwas. Wenigstens, dass Tycho Brahe der letzte große Astronom war, der vor der Erfindung des Teleskops wichtige Beobachtungen und auch erstaunlich genaue Messungen zu Rechnungen und Theorien über die Bahnen der Planeten verarbeitet hat.

So haben wir Bäkviken auf Hven angelaufen und uns auf der Insel umgesehen. Von der mehr als vierhundert Jahre alten Schlossanlage waren noch Reste einigermaßen erhalten, zum Glück für Jörg gerade die Observatorien, in denen Tycho Brahe die Einrichtungen für das Vermessen der Orte der Himmelskörper aufgebaut hatte. Es müssen sogar nach heutigen Maßstäben ungeheure Präzisionsinstrumente gewesen sein. Im übrigen ist es eine typisch dänische Insel aus Sand und Geröll, mit einiger Landwirtschaft und viel Wald.

Jörg war sehr still bei der Besichtigung der Schlossruinen Tycho Brahes. Er hat hinterher gesagt, es sei ein merkwürdiges Gefühl gewesen, so nahe einem der größten Gelehrten der damaligen Zeit gewesen zu sein. Ich habe einen ähnlichen Schauder empfunden, als ich früher einmal vor Gemälden von Rembrand und Bruyghel stand und kann mich in ihn hineinversetzen.

Das Hafenhandbuch machte uns die Wahl des Hafens in Kopenhagen schwer. Die besseren unter ihnen lagen ziemlich weit von der Innenstadt entfernt, die schlechteren nahe daran. Wir haben uns für einen der besten entschieden, den Margaretenhafen (wieder dieses Superweib aus dem 14. Jahrhundert !). Axel und Thomas hatten mit Kopenhagen nichts im Sinn, ihnen ging es hauptsächlich darum, auf der Fahrt nach Bornholm gegenseitig Beistand zu leisten. In Ystad wollten wir uns wieder treffen.

Der Margaretenhafen war ein wirklich feiner Hafen, gezielt für Sportboote und kein umgewidmeter alter Fischereihafen. Alles war wohlgeordnet und sehr sauber. Leider gaben die Duschen trotz der Fünfkronen-Spende nur kaltes Wasser. Es war ärgerlich, aber wegen der warmen Witterung zu ertragen. Nach dem Üblichen gingen wir an Land. Es war noch früh am Nachmittag, und wir konnten uns ganz Kopenhagen vornehmen. Bis wir in der Innenstadt ankamen, waren wir schon geschafft. Wir hatten fast eine Stunde gebraucht. „Verdammt noch mal, hier muss doch auch ein Bus fahren !", fluchte Jörg. Ich knurrte nur innerlich. Die Füße taten mir schon lange weh. Dazu die Angst. Jörg sogar sah sich von Zeit zu Zeit aufmerksam um. „Das müssen doch die alten

Kasernen sein, um die es genau so viel Zoff gegeben hat, wie damals in der Hamburger Hafenstraße !". Vieles war ähnlich, wenn nicht sogar gleich : das Aussehen der durchweg jungen Leute, die in ihrer lotterigen Kleidung ihre Abscheu vor dem „Establishment" zeigen, die Junkies und die Heruntergekommenen. Sie musterten uns aufmerksam, nach meinem Gefühl gefährlich aufmerksam. Wenn wir nahe an einem der Burschen oder sogar an einer ganzen Gruppe vorbeimussten, bekam ich eine Gänsehaut. Jörg hielt mich fest an der Hand. Sein Gesicht war starr. Er vermied, den Leuten direkt ins Gesicht zu sehen. Wir wussten beide, dass man dadurch leicht böse Aggressionen auslösen kann.

Irgendwann war der Spuk vorüber, und wir kamen durch ganz „normale" Wohngebiete. Jörg ließ mich wieder los, sein Gesicht wurde wieder weicher, er sah sich nach allen Seiten um, nahm die neue Umgebung in sich auf. Ich merkte, dass ich kalt vor Angstschweiß war. Das löste sich bald, und ich vergaß den Spießrutenlauf.

„Wir müssen noch einkaufen ! Wir haben kein Gemüse mehr !" . Jörg sah mich von der Seite an : „Genau seit zehn Tagen !" „Und Obst !" „Zwölf Tage !". Er setzte hinzu : „Kein Wein und kein Bier mehr seit vierzehn Tagen !" „Hast du das noble Pärchen vergessen ? Und Axel und Thomas ?" „Fremder Stoff zählt nicht !". Erst einmal haben wir uns um die Preise gekümmert, denn unsere Reisekasse erlaubte keine großen Sprünge mehr. Wir hatten ohnehin recht bescheiden gelebt. „Sieh dir das mal an !". Jörg war vor einem Laden stehengeblieben, der mit Alkoholika handelte. Guter Rotwein zu einem Preis, der dem in Deutschland glich ! Nicht gerade Rothschild, aber gut er hat trotzdem geschmeckt .

Vor unseren Einkäufen sind wir durch Kopenhagen ge-
bummelt, und sind auch im Tivoli gewesen, der auf uns
großen Eindruck gemacht hat . Eine Mischung aus Hamburger Dom, dem Botanischen Garten mit ein wenig Zoo,
einer Fressmeile und Theater. Diese schon altehrwürdige
Institution hat Atmosphäre, befriedigt keine Sensati-
onsgier - wozu die Dänen offenbar ohnehin wenig neigen
- hat einfach Charme.

Es war an diesem Tag sehr heiß. Den Tivoli haben wir
eigentlich zur Erholung benutzt, und natürlich, weil wir
neugierig waren. Wir sind nicht enttäuscht worden. Von
der Besteigung eines Kirchturms nahe dem Hafen, wohl
des auffälligsten in Kopenhagen, träume ich noch heute
manchmal. Es ging zunächst, wie üblich, im Innern des
Turms ein gutes Stück nach oben. Eine gewaltige Masse
Mensch quetschte sich die enge Treppe hinauf und herunter. Sie sonderte eine Riesenmenge Schweiß und Kör-
pergeruch ab und heizte den Turm bis zu kaum Erträgli-
chen auf. Im oberen Drittel führte die Treppe als Spirale
außen um den Turm herum. Welche Wohltat, wieder
frische Luft zu spüren, wieder frei atmen zu können. Das
Gedränge nahm weiter zu, weil die Treppe hier viel
schmäler als unten im Innern des Turms ist. Zum Schluss
ging es nicht weiter. Zwei Dicke kamen nicht aneinander
vorbei. Ein Stau wie auf der Straße. Manche Menschen
rochen, als hätten sie sich seit Wochen nicht gewaschen.
Die Rundblicke haben uns für alles entschädigt.

Wir versuchten , herauszufinden, ob nicht doch ein Bus
zum Margaretenhafen fährt. Keiner wusste, dass es überhaupt in Kopenhagen einen Margartenhafen gibt. Mit
unseren schwergewordenen Einholebeuteln haben wir
uns auf den Weg gemacht. Bevor das Chaotenviertel in
Sicht kam, habe ich die Weinflaschen so verstaut, dass
man nicht sehen konnte, was wir eingekauft haben. Un-

seren Hinweg hatten wir inzwischen soweit verarbeitet, dass wir nun wussten, uns würde man zwar anstarren, vielleicht sogar anmachen, aber es würde friedlich zugehen.

Den Abend haben wir zu einem Fressfest gemacht. Wie großartig kann ein simpler Blumenkohl schmecken ? Welcher Genuss in ein paar neuen Kartoffeln ? Und Äpfel und Kirschen ! Ein guter Rotwein dazu ! Wir sind den Abend beim Rotwein geblieben und haben den Tag in der Plicht ausklingen lassen. Mein Herz war voll Dankbarkeit. Natürlich sprachen wir über Ernst, dass auch er in Kopenhagen gewesen ist. Er hatte davon erzählt. Auf dem Kümo hatten sie die Ladung allein mit drei Mann löschen und die neue Ladung an Bord bringen und stauen müssen. „Dann habt ihr ja ziemlich lange in Kopenhagen gelegen !". Sogar Jörg konnte sich noch daran erinnern, dass sein Vater damals ziemlich dreckig gegrinst hat.

19. Kapitel

Flucht

Allein zu sein ist mir immer schwergefallen. Nach dem Tod ihres Vaters schlossen sich die beiden Jungs mir sehr an. Wir frühstückten zusammen und ich fing wieder an, ihre Wäsche zu waschen, was sie zuvor schon allein erledigt hatten. Meistens kochte ich auch für sie. Tagsüber hielt mich die Hausmeisterarbeit in Trab, im Sommer auch die Pflege der Gartenanlagen um die Häuser herum. Karin holte mich häufiger, um auf Björn aufzupassen und auch, um mit mir von Frau zu Frau zu reden. Von den gemeinsamen Freunden hatten nur die wenigsten den Mut, sich um eine Trauernde zu bemühen, was auf gut deutsch heißt, viele, wenn nicht sogar die meisten gingen scheu auf Distanz. Es ging ganz ähnlich zu wie zu Ernsts Fahrzeit. Dass manches, was ich tat, Flucht war, habe ich mir selten eingestanden, ist es aber gewesen.

Auch die knappen Tage, die ich Jörg versprochen hatte, um ihm beim Eingewöhnen der „Lisa" zu helfen, sind eine Art Flucht gewesen. Dass aus einer Abwechslung, wie ich mir eingeredet hatte, eine nun schon fast fünf Wochen andauernde Flucht wurde, ist mir mehr als einmal während der Reise klar geworden.

„Das Haus könnte mir gefallen !", war Jörg angefangen, als wir uns Högarnäs näherten, der alten Heimat der „Samba" „So nahe am offenen Wasser !" „Ich dachte, nur dein Bruder hätte eine Vorliebe für Holzhäuser !". Er dachte nach. „Die Holzhäuser in Deutschland haben keinen Charakter. Den haben nur die schwedischen Häuser wie bei Christof !". Also hatte sich auch Jörg unterwegs mit Ulla, Christof und ihrem Haus beschäftigt. Er hatte genau so wenig darüber gesprochen wie ich.

Je näher wir Högarnäs kamen, um so deutlicher wurde die Erinnerung an Ulla und ihr Haus. Den Sohn Christof hatte ich schon fast vergessen. Die erste Begegnung, die Wärme, die mir die fremde Frau entgegenbrachte, und vor allem das gemeinsame Schicksal, das waren Bilder und Szenen gewesen, die sich mir eingeprägt haben. Vieles von dem, was uns gemeinsam angerührt hatte, uns bedrückt und traurig gemacht, hatte ich seitdem beiseitegeschoben. Ich hatte allmählich genug Kraft bekommen, um mich aus meiner Weinerlichkeit lösen zu können.

Wie lange kann ein Mensch echte Trauer empfinden ? Woran soll er denn erkennen, was an seinen Empfindungen echte Trauer ist ? Meine Trauer ist selten meine eigene gewesen. Ich habe um Ernst getrauert, weil ihm so viel versagt geblieben ist, weil er sich selbst so viel versagt hat. Und ich habe um der Kinder willen getrauert, weil sie auf einen so wertvollen Partner verzichten müssen, Karin wie die Brüder. Meine eigene Trauer war, mit dem Schicksal zu hadern, zu fragen, warum gerade mir dieses widerfahren ist. Inzwischen weiß ich, dass ich auf eine solche Frage nie eine Antwort bekommen werde. Aus meiner törichten Frage ist ein dankbares Gefühl geworden, dass mir das Leben mit Ernst geschenkt worden ist.

Doch gerade aus diesem Gedanken heraus habe ich mich gefragt - nicht zum ersten Mal - aus welchem Grund sich Ernst so häufig das Leben schwer gemacht hat. „Kann es sein, dass irgend etwas in Vaters Kindheit eine Rolle gespielt hat ?". Jörg überlegte nicht lange. Wir hatten schon mehrfach darüber geredet. Seine Meinung über dieses Thema hatte sich nicht geändert : "Wenn man fünfzig oder sechzig geworden ist, kann man seine Eltern nicht mehr für sein Leben verantwortlich machen." Ich mochte seine Meinung nicht teilen, fand es aber sinnlos, darüber eine neue Diskussion auszulösen.

Schneller als wir uns Högarnäs näherten tauchte vor meinem inneren Gesicht eine ganze Kette von Ereignissen auf, die mich damals so bewegt hatte, dass ich mich später nie getraut hatte, daran zu denken. Die Blitze, die mich daran erinern wollten, verdrängte ich mit aller Macht. Nun holte mich das alles ein. Das ganze Verdrängen hatte nichts genützt. Ich sah mich mit Ulla in dem Zimmer, das sie mir als Gästezimmer angeboten hatte. Sie hätte es gern gesehen, wenn ich wenigstens noch einen Tag geblieben wäre. Wie es zu der nachfolgenden Wendung in unserem Gespräch gekommen ist, kann ich nicht sagen. Wahrscheinlich hatte ich mir eines der Bilder ihres verstorbenen Mannes angesehen und damit eine Lawine losgetreten.

Ulla redete immer schneller, immer aufgeregter auf mich ein. Mit den vielen Gesten für mich wie eine Pantomime, denn von ihrer Sprache verstand ich das wenigste. Sie legte sich aufs Bett, schloss die Augen , um mir etwas zu demonstrieren, was ich nicht sogleich begriff. Als sie wie schlaftrunken neben sich griff, als wollte sie ihren Mann berühren, erstarrte ich. Dieses grausame Gefühl kannte ich und wäre damals beinahe daran zerbrochen. Sie hörte nicht auf, tat erschrocken im blanken Entsetzen, schlug die Hände vors Gesicht, zeigte mir, welcher Aufschrei jedesmal aus ihr herausgequollen war. Mir schnürte sich das Herz zusammen, mir wurde kalt bis in die Haarspitzen, ich meinte, alle Haare richteten sich auf.

Ich wagte nicht, mich zu rühren. Ulla stand mit einemmal auf, viel zu schnell für diese Darstellung, stampfte mit den Füßen auf und machte ein entschlossenes, fast böses Gesicht. Mit beiden Händen tat sie, als würde sie das Bett hinausschaufeln, sah scheinbar hinter dem verschwundenen Bett nach, hielt noch einmal die Hände vor das nun wirklich weinende Gesicht und ließ schließlich die Hände und Arme wie erschöpft, aber auch erleichtert, sinken. Sie hatte mir einen Spiegel vorgehalten. Wir gingen aufeinander zu, hielten uns erst einmal an den Händen, mehrere Herzschläge lang, ohne ein Wort zu sagen. Ich sah in ihr Gesicht, in dem ich Trauer und Glück nicht voneinander unterscheiden konnte. Warum konnte ich ihr so viel geben? Ich weiß es bis heute nicht, so viel ich darüber nachgedacht habe.

Högarnäs selbst habe ich beim Passieren nicht ausmachen können, weil uns gerade da das Schiff beschäftigt hatte. Ich hatte Sorge gehabt, die bewegenden Erinnerungen an die Begegnung mit Ulla könnten mich wieder zurückwerfen. Ich war bislang froh darüber gewesen, dass ich mit den Geschehnissen um Ernst immer besser, eigentlich nüchterner, umgehen konnte. Die Erinnerungen an Ulla verloren schnell wieder den schneidenden Schmerz, den ich bei der Annäherung an Högarnäs noch empfunden hatte. Die herzlichen Gedanken sind geblieben.

Auf dem Weg um die Landspitze bei Kullen nach Süden, nach der Insel Hven und nach Kopenhagen fährt man in den Öresund ein, die Schiffahrtsstraße zwischen der dänischen Hauptinsel Seeland und Schweden. Das Kattegat von Norden und die Ostsee von Süden bilden jeweils weiträumige Trichter, die sich in der Gegend von Kopenhagen und Malmö zu einem engen Flaschenhals verbinden.

Die Verkehrsdichte im Öresund ist beachtlich, weil nur durch ihn die größeren Schiffe von der Nordsee in die

Ostsee gelangen können. Meist fahren hier allerdings kleinere Fahrzeuge, Kümos, die Küstenmotorschiffe, und Tanker, die mit allerlei gefährlichem Zeug unterwegs sind. Uns Segler stören die Schiffe, die von Nord nach Süd und umgekehrt den Öresund durchfahren, nur wenig. Sie halten Kurs, bleiben zuverlässig nahe den Tonnenreihen und machen Sefahrt sozusagen von Hand mit einem Wachhabenden auf der Brücke und hier sogar mit einem Rudergänger.

Zwischen den vielen Schiffen auf der Nord-Süd-Route geigen die unzähligen Boote und Fähren herum, die quer zu unserer Fahrtrichtung fahren und Dänemark mit Schweden verbinden.

Nach dem Runden von Kullen und dem Einschwenken auf den Nordtrichter des Öresundes schien noch alles harmlos zu sein. Jörg hatte mir das Ruder übergeben, auf der Seekarte den Verlauf des Fahrwassers gezeigt und war nach unten gegangen. Es war ihm draußen zu ungemütlich geworden, obgleich es ziemlich warm war. Vielleicht wollte er auch nur beim Lesen seine Ruhe haben. Mir war es recht, manchmal sitze auch ich ganz gern allein am Ruder.

Ein Frachtschiff kam näher, ein schon größerer Brocken. Das Schiff hätte um mich einen Bogen machen müssen, denn nach Lage der Dinge war ich Kurshalter und es ausweichpflichtig. Ich kannte die Ausweichregeln und hätte eigentlich unbesorgt sein können. Meine Erfahrungen mit unserem kleinen Boot vor Travemünde hatten mich vorsichtig gemacht. Häufig waren dort Schiffe an uns vorbeigezogen, auf deren Brücke keine Menschenseele auszumachen war. Das Kommando hatte der „Eiserne Steuermann", die computergesteuerte Selbststeueranlage. Von Ausweichregeln versteht der aber überhaupt nichts und Spaß sowieso nicht. Einige Male wären wir beinahe übergemangelt worden und auf unserem Grabstein hätte man die bekannten Worte lesen können : "Sie hatten Vorfahrt!".

So weit war es hier noch lange nicht. In mir kroch aber schon die Angst hoch. Zu einem nüchternen Gedanken war ich nicht mehr fähig, und ich dachte nur daran, kehrtzumachen, vor dem großen Schiff davonzulaufen, zu fliehen. Ich ließ es nicht aufs Letzte ankommen, startete die Maschine und drehte unsere „Samba" auf Gegenkurs, weg von dem Kerl da. Das Großsegel mit dem Baum knallte mir um die Ohren, die Fock schlug back, auf die falsche Seite. Jörg kam hochgeschossen, besah sich die Lage und meinte erleichtert und ein Stück vorwurfsvoll : "Das war gar nicht nötig !" „Ich habe aber Angst !". Damit hatte es sich. Er half, das Schiff wieder auf Kurs zu bringen und verschwand wieder in der Kajüte. Mein Herz klopfte noch eine ganze Weile wie wild.

Nach dem Auslaufen aus Kopenhagen wurde es noch viel schlimmer als zuvor. Die vielen vor uns kreuzenden Fahrzeuge machten mich ganz nervös, ganz fusselig. „Das musst du lernen !", basta ! „Ich will es aber nicht lernen ! Übernimm du mal wieder !". Er tat nichts, sagte nichts, sah sich seelenruhig in der Gegend um, als ginge ihn das Ganze nichts an. Ich habe mich über seine Schnodderigkeit geärgert. Vom Verstand her wusste ich genau, wie unerhört aufmerksam er dabei die Situation beäugt. Seine gespielte Gleichgültigkeit machte mich verrückt.

Von der dänischen Seite her war mit einemmal eine Wolke aus Gischt zu sehen, die sich uns mit rasender Geschwindigkeit näherte. „Hovercraft !", wusste Jörg. Also ein Fahrzeug, das auf einem Luftkissen schwebt und von

Propellern vorangetrieben wird wie ein Flugzeug. Die Geschwindigkeit dieses Geschosses war atemberaubend und versetzte mich in Panik. „Bitte, übernimm, ich habe solche Angst !". Jörg behielt das Hovercraft im Auge, ich fuhr wieder eine Wende unter Motor, um zu flüchten. Das rasende Gefährt hinter uns her. Die nächste, sinnlose Fluchtbewegung stoppte Jörg, legte seine Hand auf meine und verhinderte, dass ich erneut Kurs änderte. Die dröhnende und fauchende Gischtwolke zog in gutem Abstand an uns vorüber. Da erst sah ich, dass es ein riesengroßes Fahrzeug war. „Erstens kannst du vor so einem schnellen Ding nicht davonlaufen, und zweitens hast du den Steuermann mit deinem verkehrten Manöver verrückt gemacht ! Du weißt doch, dass er ausweichen muss !" „Kennst du diesen alten Witz ?" „Welchen ?" „Hör mal gut zu : Ich traf mal eine alte Bekannte, die einen großen Hund bei sich hatte, Gottseidank an der Leine. Mit Hunden habe ich nicht viel im Sinn. Die Frau merkte, dass ich Angst vor dem großen Tier hatte, das mich anknurrte. -Der beißt nicht- sagte sie ! „Und hat er dich gebissen ?" „Nein !" „Siehst du !".

Die beiden nächsten kleinen Häfen auf dem Weg nach Ystad rufen bei mir keine besondere Erinnerung hervor. Alte Fischereihäfen mit ein wenig moderner Infrastruktur, alles recht sauber und dieses Mal auch nicht teuer. Einlaufen, Aufklaren, Essen kochen, Essen, ein wenig Bubu und ein ausgiebiger Spaziergang mit Erinnerungsbildern. Erst in Ystad haben wir Axel und Thomas wieder getroffen. Wir müssen ungefähr zur gleichen Zeit angekommen sein, denn wir fanden sie noch am Aufklaren.

Am Hafen stand eine Gruppe schwedischer Marinesoldaten. Jörg lächelte spöttisch. „Mach dich bitte nicht lustig über sie ! Du hast genau so wenig Lust aufs Militär gehabt wie die hier !". Er machte eine Mundbewegung, als wolle er antworten und behielt sein hintergründiges Lächeln bei. „Wegen deiner frechen Schnauze bist du kein Obergefreiter geworden !". Das hatte er mir selbst gesagt und voller Erinnerungsfreude häufiger illustriert. Ja, er sei ein guter Soldat gewesen, und als Richtschütze im Leo, dem Panzer Leopard, hätte ihm der Dienst auch häufiger Spaß gemacht. Das andere militärische Getue, Hand aus der Hosentasche, ran an die Mütze, Haltung annehmen, „jawoll, Herr Hauptmann !", das alles hätte er ständig karikiert. Er war in seiner Gruppe einer der ältesten und hatte seine erste Berufsausbildung in einem Hafenberuf hinter sich, der von ihm allerlei an Durchsetzungswillen und an Phantasie verlangt hatte. Er wäre nie wegen Aufsässigkeit bestraft worden, allerdings hätten ihm seine Vorgesetzten häufiger Vorhaltungen gemacht, dass sein Verhalten, sein ganzes Auftreten, „unsoldatisch" sei. Er hätte gefragt, was es denn sei: "soldatisch" ?. Darauf konnte oder wollte ihm keiner eine Antwort geben. „Raus !" hätten sie immer nur gebrüllt und vor Wut einen hochroten Kopf bekommen. Das hätte ihm Spaß gemacht.

Uwe war in seiner Dienstzeit zahmer als sein Zwillingsbruder gewesen und folglich planmäßig als Obergefreiter entlassen worden. Er konnte beim Bund seinen Führerschein machen und hatte den Traumjob eines jeden jungen Mannes : Er durfte den ganzen Tag Auto fahren und war Fahrer seines Kompaniechefs

An den Tag , als er den Einberufungsbefehl bekam , mag ich nicht gerne denken. Ich war krank vor Angst. Der Einberufungsbefehl weckte in mir sofort und entsetzlich grell die Erinnerung an die Kriegszeit. Im Herbst 1944, als ich zehn Jahre alt war, erdrückte und zerfetzte eine einzige Fliegerbombe zehn nahe Verwandte von Mutters

Seite, nur Frauen, Mütter, Kinder und Säuglinge. Nur durch einen Zufall hatte ich es nicht geschafft, in den gleichen Bunker zu kommen. Ein Onkel verhungerte an der Ostfront, ein anderer Onkel war an der Ermordung von Zivilisten im Osten beteiligt, wurde mit seiner Schuld nicht fertig und hat sich am Grab seiner Mutter mit Salzsäure das Leben genommen.

„Kannst du dich noch an Segeberg erinnern?" „Als Ihr Uwe abgeholt habt?". So war es gewesen : Das Wetter war beste Sahne, und Ernst und ich hatten uns fertig gemacht und wollten zum Segeln an die Dove-Elbe fahren. Während ich die Haustür abschloss, klingelte das Telefon. Ernst sagte noch : "Geh nicht ran, sonst kommen wir nicht weg.!" Ich schloss doch noch wieder auf und ging ans Telefon. Uwe war von einem Kameraden versetzt worden, der ihn mit nach Hamburg nehmen wollte. Ein Bus führe nicht mehr. Ob wir ihn nicht abholen könnten? Wir sind natürlich nach Segeberg gefahren und haben Uwe vor dem Kasernentor angetroffen. Er saß auf dem Bordstein, die nackten Füsse in der Gosse, die Kommisstiefel neben sich und war guter Dinge. Ein Bild für die Götter! Wir sind übrigens doch noch zum Segeln gekommen.

20. Kapitel

Versöhnungssegeln

Nach dem stürmischen Einlaufen in Glommen hatte sich wieder das sommerliche Hoch über Russland durchgesetzt. Sogar auf dem Wasser war die Hitze zu spüren. Wir waren froh, der Glut in Kopenhagen entronnen zu sein. Vom starken Hoch über Russland zu einem kräftigen Tiefdruckgebiet über dem Nordmeer wehte ein steifer, stetiger Wind aus östlichen Richtungen. Er erzeugte eine harte, eklige Windsee, gegen die wir anboxen mussten. Gelegentlich mussten wir sogar kreuzen, kamen aber mit einem kurzen und einem langen Bein im Wechsel gut voran. Dass sogar Jörg die harte Knüppelei nicht behagte, war ihm anzusehen. Ihm wie mir waren die eckigen Bewegungen des Schiffes in den Rücken geschossen. Ich riet Jörg : "Leg dich mit dem Rücken auf den Boden und nimm die Beine hoch !". Erst einmal sträubte er sich, so schlimm sei es gar nicht. Nachdem er ein paar Mal schmerzhaft das Gesicht verzogen hatte, befolgte er doch meinen Rat und ist sogar eingeschlafen. Im Aufwachen machte er das freundlichste Gesicht , das ich mir denken kann, reckte sich und streckte sich und nahm mir die Pinne aus der Hand : „Jetzt bist du dran !".

Nach kurzer Zeit übergab er mir wieder das Ruder, um sich um die Navigation zu kümmern. Das Schiff bockte und ließ sich nur widerwillig auf Kurs halten. Jede kleine Abweichung vom Kurs wollte ich ausgleichen. Ich wurde immer nervöser. Sonst habe ich immer gern an der Pinne gesessen, und ich meine, dass ich es meistens gut gemacht habe. „Sei doch nicht so zappelig ! Das ist doch Blödsinn,was du machst ! Kein Mensch steuert so !". Genau so aggressiv wie er frage ich zurück :"Wie soll ich denn steuern ?" „Mein Gott !". Er besann sich. „Lass dem Schiff doch Freiheit ! Es kommt schon wieder zurück". Ich habe ihn ungläubig angesehen und war dabei, zu platzen. „Wenn du uns an die kurze Leine genommen hast , hat es nur Spaß gemacht , dich zu ärgern ! An der langen Leine war das anders !". Ich habe es anders gesehen. So nötig wie die lange Leine war, so schwer habe ich mir damit getan. Gewöhnlich hat Karin mich ermahnt, nicht so ängstlich zu sein, später hat Ernst sich einfach nur zurückgehalten und ich mochte nicht dauernd der Buhmann sein. Dieses Schaukelspiel zwischen langer und kurzer Leine bereitet mir heute noch - und nicht nur bei meinen Kindern - Unbehagen.

Nach einiger Zeit, in denen ich über meinen Verstand versuchte, die „lange Leine" auszustecken, dem Schiff voller Konzentration die nötige Freiheit zu geben, war ich müde geworden. Im Dahindämmern zog sich mein Verstand zurück und mein Bauch, meine Eingebung, meldete sich wieder. Eigentlich meldete sich gar nichts, denn ich meinte, gar nichts zu tun, und es war trotzdem das Richtige. „Siehst du,", sagte Jörg. Mein Bauch fühlte sich beleidigt, und alles ging wieder schief. Ich knurrte Jörg an : "Lass mich in Ruhe !". Das interessierte ihn schon nicht mehr.

In der unruhigen See wurde mein Gleichgewichtssinn hart beansprucht, und ich fiel in eine Art Lethargie, die jeder kennt, der einmal bei Sturm auf See war. Merkwürdig, dass die Gedanken bleiben, anders als sonst, wie mit Visionen, mit Gesichtern. Ich begann wieder, mich mit mir selbst zu beschäftigen. Ich fand, dass ich im Ganzen ruhiger geworden war, selbst wenn gelegentliche kleine Ausbrüche anderes signalisierten. Mit dem schlimmen Jahr 1990 hatte ich offenbar umzugehen gelernt. Die Berg- und Talfahrt meiner Gedanken und Gefühle hielt zwar an, führte aber dennoch bergauf, kleinere und größere Einbrüche eingeschlossen, wie dem bei der Vorbeifahrt an Högarnäs und den Gedanken an Ulla.

Ich glaube auch, dass ich im Laufe der Reise ehrlicher mir selbst gegenüber geworden bin. Im Alltagstrott gibt es ja kaum einen Anlass, sich vor den Spiegel zu stellen und sich zu fragen : "Wer bist du denn eigentlich ?". Im Spiegel habe ich mich nur selten gesehen, fast immer die Kinder und vor allem Ernst. Es ging ja auch nicht anders. Wenn ich ihn an Land halten wollte, musste ich ihm das Gefühl geben, wichtig zu sein. Nicht nur für mich, sondern für die ganze Gesellschaft, in der er leben und sich wohlfühlen musste. In viele Entscheidungen habe ich ihn einbezogen, ihn um Rat gefragt, obwohl mir häufig bewusst war, dass es ihm Mühe machte, in meinen Gedankengang einzudringen, mitzuhalten. Von der Sache her habe ich seinen Rat nur selten gebraucht, aber als Partner musste ich ihn unbedingt beteiligen. Dann und wann war zu merken, dass er darauf empfindlicher reagierte als ich mir vorstellen konnte.

Manches in seinem Verhalten ist mir wie ein Bruch vorgekommen. Vielen Menschen konnte er mit seiner Kenntnis des Verwaltungsrechts helfen und hat ihnen ganze Schriftsätze angefertigt, mit denen sie bei den Behörden Erfolg hatten. An Bestätigung seines Wertes, ein mehr als ausreichendes Selbstwertgefühl entwickeln zu können, hat es bestimmt nicht gefehlt, weder in der Familie noch anderswo. Trotzdem war herauszuhören, dass er sich nur an Bord anerkannt fühlte.

Nach wie vor gab es einen Unterschied im Umgang mit Kollegen aus seiner Seefahrtzeit und allen anderen. Seeleute - nicht nur Ernst- sind mir manchmal wie Schwerhörige vorgekommen. Sie hören konzentriert zu, versuchen, alles zu verstehen und lächeln, obgleich das Eigentliche ihnen unverständlich geblieben ist. Umgekehrt habe ich Schwierigkeiten gehabt, am small talk der Seeleute teilzunehmen. Obwohl alle an Bord ganz lieb mit mir waren, ist immer ein Rest Gefühl geblieben, nicht ganz dazuzugehören.

Bis Ystad blieb die Marter mit der ruppigen See. Thomas und Axel waren guter Dinge, als wir sie in Ystad wieder trafen. Ihr weitaus größeres und schwereres Schiff war besser mit der ungemütlichen See fertig geworden als unsere kleine „Samba". Uns beiden taten immer noch alle Knochen weh und fast alles Zeug war feucht von der überkommenden Gischt geworden.

Am nächsten Tag, auf dem Weg nach Käseberga, notierte Jörg im Logbuch : „Heute ist es das reine Versöhnungssegeln !". Eine lange, ruhige alte Dünung wiegte uns und ließ uns im stetigen Wind gut vorankommen. Nur ganz selten kam ein Spritzer über uns hinweg. Jörg hatte alle Segel gesetzt, die die „Samba" vertragen konnte und lief Axel und Thomas davon.

Am sonst so klaren Himmel in Richtung der Küste hatte sich eine nicht sehr große, weißgraue Wolke wie aus dem Nichts gebildet. Sie war mit einemmal da. Was nun folgte, ließ uns den Atem anhalten. Aus der Unterseite der Wolke heraus schob sich ein hell weißgrauer Rüssel, der sich schnell bis aufs Meer senkte. Eine Windhose ! Ich hatte schon häufiger in meinem Leben eine erlebt. Diese war anders. Kurze Zeit, nachdem der Rüssel die Wasseroberfläche erreicht hatte, war am entgegengesetzten Ende der Wolke eine kräftige Regenwand deutlich auszumachen. Nach einer knappen Minute war alles vorbei. „Mensch !", sagte Jörg nur noch.

Käseberga ist mir in guter Erinnerung geblieben. Eigentlich wieder ein alter Hafen für die Fischerei, mit hohen Kaimauern aus Beton, an der sich die empfindlichen Yachten leicht böse (und teure) Schrammen holen können, veredelt mit guten Sanitäranlagen. Der Ort selbst liegt ein Stück entfernt an der Straße, die von der Höhe zum Meer hinunterführt. Auf dem knappen Platz am Hafen drängten sich Busse und PKW, als würde hier ein Fußball-Länderspiel ausgetragen. Es dreht sich aber alles nur um Fisch, genauer, um Räucherfisch. Wohl in einem halben Dutzend Räuchereien standen die Leute Schlange und kauften gewaltige Mengen Räucherfisch ein, vor allem Lachs. Ein nicht sehr großes Stück Lachs haben wir uns auch geleistet und am gleichen Abend gierig verschlungen.

Oberhalb des Hafens von Käseberga ist eine Hochfläche, auf der ein altes germanisches Heiligtum die Jahrhunderte überdauert hat. Große, mannshohe Steine sind hochkant aufgestellt worden und markieren eine Schiffsform von der Größe eines Fußballfeldes. Thingstätte ? Häuptlingsgrab ? Religiöse Stätte ? Ich wusste es genau so wenig wie Jörg. Ein Hinweisschild besagte nur, dass diese Stätte germanischen Ursprungs sei. Auf dem Weg vom Hafen zum Steinschiff den steilen Hang hinauf führten Treppen, über die man zu Terrassen kommt, die über den ganzen Hang verteilt sind. Auf jeder dieser Terrassen stehen derbe Tische und Bänke, auf denen die Ausflügler ihren eingekauften Fisch verzehren können.

Bis Bornholm wollten wir mit Axel und Thomas zusammenbleiben und auch die Tage auf der Insel gemeinsam verbringen. Axel war im Jahr zuvor mit seiner verwitweten Mutter, wie Jörg und ich jetzt, auf Törn gegangen. Sie hatten einige Tage auf Bornholm bleiben müssen, weil steifer Wind sie festhielt. „Eingeweht" sagen wir Segler dazu. Bornholm hatten sie von Süd nach Nord und von West nach Ost erkundet.

Am Abend in Käseberga haben wir unseren „dänischen" Rotwein genossen und mit Axel und Thomas den Segelplan für die Fahrt nach Bornholm besprochen. „Muss das denn sein ?", fragte mich Jörg gelangweilt mit den Augen. Ich habe ganz leicht mit den Schultern gezuckt und weiter zugehört. So einfach, wie Jörg sich die Fahrt vorgestellt hatte, war sie nicht. Axel hatte Erfahrung mit diesem Seegebiet, in dem der Kompass wegen riesiger Eisenerzlager verrückt spielt. Er hatte ein elektronisches Navigationsgerät, mit dessen Hilfe die Überfahrt unproblematisch sein würde. Wir sollten einfach nur hinter ihnen her segeln.

Im steifen, doch warmen Wind aus Nordost wurde die „Samba" am nächsten Tag zu einer richtigen Rennziege und zog Axels Boot mühelos davon. In kurzen Abständen sahen wir achteraus und korrigierten unseren Kurs. Der Kompass zeigte alles mögliche an, nur nicht einen Kurs, den wir hätten gebrauchen können. „Ich kann die beiden nicht mehr sehen ! Nimm mal Fahrt weg !". Jörg ließ das Schiff eine gute halbe Stunde treiben, bis Axel und Thomas wieder heran waren und gab dann wieder „Gas". Zwischendurch hatte er gerechnet und laut gedacht : "Hundert Meter hoch. Dann muss die Nordspitze jetzt in Sicht kommen !". Zunächst kam eine Dunstwolke in Sicht, dann flimmerte das Bild von Bäumen, die scheinbar hoch über der Kimm schwebten und endlich das ruhige, beständige Bild der Nordküste der Insel.

In Rönne, dem wichtigsten Hafen auf Bornholm, haben wir abends wieder zusammengesessen. Die Tage waren schon merklich kürzer geworden. Tag und Nacht waren wieder deutlich voneinander zu unterscheiden, man schlief wieder ruhiger als in den hellen Nächten. Jörg begann während des dahinplätschernden Gesprächs mit einem Stück Tauwerk zu spielen und machte ein Palstek hinein, wobei eine Schlaufe entsteht, die man zum Beispiel gebraucht, wenn man die Festmacherleine über einen Pfahl hängen muss. Thomas - oder war es Axel ?- sah ihm auf die Finger und versuchte, es ihm nachzumachen. Es ging nicht. „So dumm bin ich doch sonst nicht!" redete er mit sich. Es ging trotzdem nicht. Ein Palstek zu machen ist für mich nie eine Sache gewesen. Ich sah Jörg trotzdem auf die Finger, um sicherzugehen, dass ich mich nicht blamierte. Auch mir gelang das Palstek nicht. Ich war wütend mit mir und verzweifelt. Axel - war es doch Thomas ? - versuchte es. „ 'n Klacks ," sagte er noch ganz selbstbewusst, und schaffte es genau so wenig wie Thomas und ich. „Sieh einmal auf meine Hände !", sagte Jörg ganz langsam und betont. Mit einemmal wusste ich, weshalb wir drei den Palstek nicht geschafft hatten : Als Rechtshänder sind wir mit Jörgs Linkshänder-Vorführung genarrt worden ! Jörg hat die linke Hand von Ernst geerbt. Dem war die rechte Hand als Kind mit dem Knüppel eingebläut worden, wie es damals üblich war. Die geschickte linke Hand ist geblieben. Wenn er mit der linken Hand elegant die Morsetaste bediente und zugleich mit der rechten schrieb, haben die Kinder immer gestaunt.

Die Entscheidung, wie lange wir auf Bornholm bleiben wollten, nahm uns wieder der Wettergott ab. Er ließ es so stark wehen, dass der ungünstig angelegte Hafen von Rönne sogar für die Berufsschiffahrt gesperrt werden musste.

Zu Fuß sei die Insel nicht zu schaffen, wusste Axel. „Mit dem Auto kommst du nicht an die schönen Stellen der Insel !", hatte er verkündet. „Fahrrad ?",

„Großartig !", tönte ich vorlaut. „Wirklich ?" fragte Axel, und seine Frage hatte einen sonderbaren Unterton. Etwas unsicher geworden habe ich hinzugesetzt : "Ehrlich !". Was es mit Bornholm auf sich hat, hätte ich wissen müssen. Wenn von den hohen Klippen im Norden der Insel geredet wird, dann gehören dazu auch andere Erhebungen. Und die sind sind wir rauf und runter. Bergauf haben wir meistens schieben müssen, bergab konnten wir uns mit quietschenden Bremsen erholen und das nassgeschwitzte Zeug im Fahrtwind trocknen. Am ersten Tag standen 73 km auf dem Fahrradtacho, am zweiten „Nur" 62 km. Sie waren aber noch viel härter gewesen als die 73 km des Vortages. Ich schaffte noch nicht einmal die kleinen Steigungen mehr. Jörg hatte genug Reserven und schob mich.

Die Bornholmer Landschaft hat mich trotz der Strapazen begeistert. Zwischen flachen Hügeln im Süden und der bizarren Klippenlandschaft im Norden zogen sich die gut ausgeschilderten Radwege hin, bergauf und bergab. Häufig zog sich der Pfad durch alten gepflegten Laubwald, der uns gequälten Radfahrern mildtätig Schatten spendete. Dazu die eigenartigen Bauwerke, voran die typischen Rundkirchen, deren wehrhafter Charakter uns noch heute daran erinnert, dass Bornholm über Jahrhunderte Zankapfel zwischen Dänemark und Schweden gewesen ist und sich auch gegenüber den räuberischen Wikingern behaupten musste. Eine starke Garnison schien dem dänischen König bis in die jüngere Vergangenheit nötig zu sein. Die alten Kasernenbauten auf der Insel selbst und auf Christiansö sind gut erhalten und dürften bis in die jüngste Vergangenheit benutzt worden sein.

So sehr wir den herrlichen Sommer genossen, so sehr machte er uns auf unseren beiden Fahrradtouren zu schaffen. Der Wind war glühend heiß und brachte kaum Erfrischung. Ein großes Glas ganz frischen Wassers, direkt aus der Quelle, stellte in meinen Augen an diesem Tag jeden Champagner weit in den Schatten. Den wunderbaren Räucherfisch haben wir trotz der Hitze genau so genossen. Den vielen, für Bornholm typischen Fischräuchereien konnten wir einfach nicht widerstehen.

Mit einem Akkordeon-Orchester wurde ich wieder einmal an mein Leben mit Ernst erinnert. Die Dänen brachten jemandem ein Ständchen. Ob es eine Hochzeit oder ein Geburtstag war, konnte ich am Schmuck des Hauses nicht unterscheiden. „Eine Hochzeit wäre lauter," meinte Axel. „Wie bei den Katzen!", ergänzte Jörg ganz ernsthaft. „Ja, ja," habe ich ahnungslos gesagt und sah in drei grinsende Männergesichter.

Wenige Jahre, nachdem Ernst an Land gegangen war , holte ein befreundeter Kollege aus der letzten Reederei ihn und mich in seien Bandoneonclub. Wir würden es schon lernen. Es wurde eine zwar schöne, aber musikalisch frustrierende Zeit. Den Anschluss an die übrige Gruppe haben wir nie geschafft. Gesellschaftlich wurden wir hochgeschätzt. Ernst wurde zum 1. Vorsitzenden gemacht und ich zum Ein-Personen-Festausschuss. Als das erste Schiff in Sicht war, siegte wieder das Wasser . Schluss mit der Musik. Ich bedaure es sehr, weil ich mich jetzt gerade, während dieses Manuskript entsteht, um einen neuen Anfang in der Musik bemühe. Anscheinend mit mehr Erfolg als damals.

Zu unserer Hochzeit spielte kein Orchester, und zu unserer Silberhochzeit machten die Regentropfen eine schaurige Musik. Wir waren mit unseren kleinen Booten - Ernst und ich auf einem, Karin mit Manfred auf einem zweiten und die Brüder auf dem dritten- bei wolkenbruchartigem Regen in Geesthacht geblieben und hofften auf Wetterbesserung. Das war 1980. Karin war 20 und hatte im Februar geheiratet, die Jungs waren 17 Jahre jung.

Der Regen war abends so stark geworden, dass wir alle Luken dichtmachen mussten und bei einem guten Abendessen mit edlem Rotwein in unserem Schweiß badeten. Heute hätte ich zu so einer Veranstaltung keine Lust mehr. Ich bin eben älter geworden.

Von Rönne nach Sassnitz sind es rund Hundert Kilometer, so schnell gesegelt, wie ein Jogger durch den Stadtpark trabt. Waren es achtzehn oder zwanzig Stunden oder nur 12 ? Ich müsste im Logbuch nachsehen. Für mich eine scheinbar unendlich lange Zeit, in der das ruhig dahingleitende Schiff mich kaum forderte. Ich schickte mich an, mich auf die Zeit „danach" einzurichten. Einen Gedanken hatte ich bislang nicht zu Ende bringen können : Mit welcher Vergangenheit, auf welchem Ursprung ist Ernst 1970 an Land gegangen ? Mir genügte es nicht mehr, einfach zu sagen, er hätte sich nur schwer aus der Seefahrt lösen können. Er hat mir seine Vergangenheit nie verheimlicht. So kann ich wenigstens jetzt das, was ich von ihm erfahren habe und was ich mit ihm erlebt habe, zusammensetzen.

Ernst war knapp 15 Jahre alt, als er aus dem damaligen Sudetengau an die Küste kam. Das war 1939. Ein Jahr zuvor hatten die dramatischen Ereignisse dazu geführt, dass die Westmächte über den Kopf der Tschechoslowaken hinweg große Teile ihres Staatsgebietes mit überwiegend deutschsprachiger Bevölkerung dem Deutschen Reich zusprachen. Ein Jahr später nahmen sich die Nazis den Rest der Tschechoslowakei. Ernsts Mutter war sehr jung gewesen, als Ernst geboren wurde, der Vater war sehr viel älter und ist früh gestorben. Die Erziehung der drei Geschwister, Ernst, ein Bruder und eine Schwester, hatte die Großmutter übernommen, die eine gütige und kluge Frau gewesen ist. Ich habe sie noch selbst kennengelernt.

Ernst hat seitdem niemals für längere Zeit unter „normalen" Umständen gelebt. Er war Moses, Jungmann, Leichtmatrose und Matrose, wie es die Laufbahn eines künftigen Schiffsoffiziers und Kapitäns damals war. 1945 geriet er mit den Überlebenden seines letzten Schiffes in Norwegen in Gefangenschaft und wurde dort bis 1948 festgehalten. Unter welchen Umständen hatte er bis dahin gelebt? Welche Einflüsse haben auf ihn eingewirkt und ihn geprägt? Mit Sicherheit ganz andere, denen ich ausgesetzt war. Ich habe ja ständig inmitten unserer Gesellschaft gelebt und habe alle Veränderungen erfahren, die meisten unbewusst, aber alle wieder auf ihre Weise prägend.

Von 1948 an hat Ernst wieder auf deutschen Schiffen gefahren, zunächst auf den mickerigsten Schiffen, die den Deutschen geblieben waren und schließlich auf dem Tanker „Marianne", von dem aus unsere Verbindung ihren Anfang nahm. Er hat 1953 sein erstes Seefunkzeugnis erworben, hat damit weiter zur See gefahren und war nur zweimal für längere Zeit an Land: zwei Jahre bei Siemens und eine kürzere Zeit bei der Hamburger Hochbahn. Wieder keine Frage, wodurch sein Denken und Fühlen, seine Einstellung zur Gesellschaft, auch zu seiner Frau und seiner Familie, geprägt worden ist.

In den kurzen Liegezeiten haben wir uns geistig kaum austauschen können. Auch damals waren die Hafenliegezeiten schon knapp und hektisch gewesen. Es hat wohl eine geistige Verbindung zu uns gegeben, die darin bestand, dass er seine wunderbaren Reiseberichte verfasste. Sie konnten aber wiederum nur ein Spiegel der Welt sein, in der er lebte und sich offenbar wohlfühlte. Von meinen ausführlichen Briefen, die vom Tagesablauf in unserer Familie berichteten und vielleicht noch ein wenig Verwandtenklatsch enthielten, konnte Ernst sich nichts versprechen, was ihm die Veränderungen der Gesellschaft näher gebracht hätte. Er konnte gar nicht anders, als erzkonservativ zu bleiben und diese Grundhaltung auch mir gegenüber zu verteidigen. Sie ist gottseidank entscheidend gemildert worden durch seine Großmut und seinen hintergründigen Witz.

Im Urlaub, der dank der sich zuspitzenden Personalsituation in der Seeschiffahrt von Jahr zu Jahr länger wurde, waren wir mit uns beschäftigt. Ich hatte keine Schwierigkeit, Ernst um den Hals zu fallen, wenn er bei uns war , er brauchte offenbar eine gewisse Zeit, bis er sich auf mich und unsere Kinder eingestellt hatte. Mit dieser Anlaufphase mussten wir erst einmal fertig werden, bevor wir unbefangen miteinander umzugehen gelernt hatten. Die „Anderen" , die „Gesellschaft" interessierte uns überhaupt nicht. In der beschränkten Zeit, die uns blieb, waren wir uns viel zu wichtig, als dass wir uns um andere kümmern mochten. Vor allem Ernst legte großen Wert darauf, dass wir unter uns blieben. Einige Menschen, die ich mochte, hat er geradezu gehasst.

Dieses ist also die Ausgangslage gewesen, als Ernst 1970 an Land ging. Nicht anders als bei fast allen anderen Seeleuten . Ernst hat sich nicht nur an die Verhältnisse an Land gewöhnen müssen, sondern er hätte ein ganzes, über Jahrzehnte eingeprägtes Verhaltensmuster und das daraus gewachsene Wertesystem total ändern müssen. Er sollte, nach Möglichkeit binnen weniger Wochen oder höchstens Monate, ein anderer Mensch werden, denn anders konnte er an Land nicht glücklich werden. So etwas hätte niemand schaffen können, selbst wenn ihm eine ganze Kompanie an Soziologen und Psychologen zur Seite gestanden hätte. Ich habe mir jetzt gesagt, dass es ein Glück gewesen ist, dass es nicht so gekommen ist. Soziologen und Psycholgen haben manchen Menschen, dem sie helfen wollten, stattdessen zerstört. Es ist schon gut so gewesen; vom Schlechten das Beste.

Ich habe versucht, mich in seine Lage hineinzuversetzen, an seiner Stelle zu leben und zu handeln. Diese Vorstellung empfinde ich jetzt als grauenhaft. Ich bin sicher, dass ich daran zerbrochen wäre. Wie tapfer muss er gewesen sein, dass er trotzdem ein so liebevoller Vater und Ehemann gewesen ist.

Wie weit haben wir, die Familie, ihm helfen können ? Im Grunde hatte Ernst es gar nicht nötig gehabt, sich mit den Gepflogenheiten, den Verhaltensmustern der Menschen an Land vertraut zu machen. Im Gegenteil : wir , die Kinder und ich waren es, die versucht haben, nach den sozialen und gesellschaftlichen Regeln des Bordlebens zu leben. Ganz gleich, ob an Bord oder zu Hause, ob ohne oder mit Ernst. Wir sind immer stolz darauf gewesen, wie Seeleute miteinander umgehen zu können. Solange Ernst an Land nur mit uns zu tun hatte, mag dies in Ordnung gewesen sein und hat ihm und uns bei jeder Heimkehr eine längere Eingewöhnungszeit ersparen können. Seine Tätigkeit in der Personalabteilung der Reederei spielte sich weiter im gleichen Milieu ab, wie er es aus seiner Fahrtzeit gewohnt war. Weder er noch die Familie mussten sich verändern.

Ernst hatte als erfahrener und zuverlässiger Funkoffizier an Bord immer eine starke Stellung gehabt. Er war einfach „Wer". Nur sehr wenige Seeleute, mit denen er zusammen gefahren hat, blieben so lange in der Seefahrt wie er. Als er 1970 als 45Jähriger seine Stellung in der Personalabteilung antrat, war er sozusagen ein seemännisches Fossil. Seine Stellung in der Personalabteilung seiner alten Reederei war mindestens so stark wie seine Stellung an Bord. Als er einsehen musste, dass er dieser mörderischen Tätigkeit gesundheitlich nicht gewachsen war und zum Arbeitsamt ging, war er etliche Jahre hindurch lediglich einer von vielen, eine Nummer. Zu diesem gesellschaftlichen Abstieg kam eine Tätigkeit, die ihm ungewohnt war und die er im Grunde seines Herzens abgelehnt hat.

Wir alle haben zu ihm gehalten und uns genau so verhalten, wie er es von uns während seiner Fahrzeit gewohnt war. Das mag ihm das Leben mit uns erleichtert haben, für den Umgang mit anderen ist es Gift gewesen. Wir waren jedoch in unserem Verhaltensmuster so sehr von der Seefahrt geprägt, dass auch wir uns nicht davon lösen konnten. Wenn ich ehrlich bin, bis heute nicht.

Viele Seeleute, die an Land gegangen sind, haben einen anderen Weg eingeschlagen und haben einfach darauf verzichtet, den Habitus eines Landbewohners anzunehmen. Sie sind Seeleute geblieben, kokettieren mit ihrem „Anderssein" und werden dafür von Freunden und Bekannten gehätschelt und bewundert. Andere bleiben genau so Seeleute und flüchten sich in unnahbare Arroganz. Ernst mochte nichts von alledem. Seine Art, sich zu geben, war unauffällig. Es gab Freunde, die auch ihn für arrogant hielten. Er ist nie arrogant gewesen.

Ob Ernst jemals zugegeben hätte, dass ihm die Welt der Turnschuhgeneration, der Bärtigen und Hasch Rauchenden, der sexuell Enthemmten und der Emmas, der ständig Demonstrierenden und der schlampig gekleideten

Studienräte fremd geblieben ist ? Er hätte es wie seine Kollegen aus der Fahrrt vehement verneint. Trotzdem fand er all dies widerlich. Intellektuell hat er nie Schwierigkeiten gehabt, sich an Land zurechtzufinden. Das mag seine Arbeit im Elternrat und im Kreiselternrat beweisen. Seine analytische Fähigkeit, seine Fähigkeit, sich klar und sachlich einwandfrei auszudrücken, seine Sachkompetenz, die er sich erworben hatte, und nicht zuletzt sein ruhiges, sicheres Auftreten hatten ihn zu einem anerkannten Mitarbeiter in Sachen Schule gemacht. Genützt hat es nicht viel. Die dunklen Seiten, die ihn an die See fesselten, haben ihm ständig die wertvollsten Kräfte geraubt.

Jörg muss mich aufmerksam beobachtet haben, während ich meine Gedanken zu ordnen suchte. Nun meinte ich, am Ende zu sein und war damit zufrieden. Ich merkte, dass ich eine Weile ziemlich verkrampft an der Pinne gehockt hatte, reckte mich und fand eine entspannte Sitzposition. Dann holte ich wie erleichtert tief Luft und blies sie fast übermütig wieder aus. „Bist du jetzt fertig ?". Jörg stänkerte mich an. Ich verleugnete mich : „Womit ?" „Damit !". In diesen kleinen Disput hinein fiel mir der Titel eines Romans ein, dessen Inhalt ich längst vergessen habe : „Liebende leben von der Vergebung !".

Mir fiel eine ganz einfache Formel ein, die ich auf Ernsts Leben anwenden kann : An Bord wünschte er sich, was ihm nur an Land erfüllt werden konnte, an Land suchte er, was er an Bord gefunden hatte. Ich habe Ernst in diesem Zwiespalt nicht helfen können. In meinen offenen und unausgesprochenen Forderungen war ich ja selbst ein Teil jener Belastung, denen er sich ausgesetzt fühlte. Und solange er nicht zugeben mochte, was ihn quält, hatte ich keinen Anhaltspunkt, wie ich ihm hätte beistehen sollen. Trotzdem habe ich ihn immer lieben können.

21. Kapitel

Heimkehr

Die Annäherung an „Sambas" neuen Heimathafen machte mich ungeduldig, wie immer in derartigen Zeiten. Meine Gedanken wurden sprunghafter, seltener schaffte ich es, einen Gedanken zu Ende zu führen. Ich hatte auch genug damit zu tun, mich auf Land und Leute in den für mich völlig neuen Küstengebieten einzustellen. Dass allerdings der Umgang mit den Menschen hier an der Küste Mecklenburgs und Vorpommerns so leicht und so wohltuend war, hatte ich nicht erwartet. Unsere Westpresse hat sich ja kaum Mühe gemacht, das ganz persönliche Leben der Menschen hier, das jenseits der staatlichen Bevormundung, zu beleuchten. Wir waren beide erstaunt und erleichtert, dass wir uns am Hafen als Seeleute unter Seeleuten fühlen durften, denn so sehen wir uns selbst immer noch. Weder erschienen uns die Menschen hier anders als wir in Hamburg täglich gewohnt sind, noch sagten oder taten sie etwas anderes.

„Hier könnte ich bleiben !", meinte Jörg in Saßnitz, „der Hafen muss aber besser werden !" Der „Hafen" war noch der alte Fischereihafen, abgenagt, verbraucht und verrostet wie alle Fischereihäfen auf der Welt. Bedrückkend war hier die große Flotte großer aufgelegter Trawler, die nach dem Ende der DDR nicht mehr fischen durfte. Auch sie ausnahmslos verrostet, verbraucht, so, wie auf der ganzen Welt ein Trawler bei Ende der Saison aussieht. Bis zum Beginn der nächsten Saison wird gewöhnlich ein glänzender Schwan daraus, an dem alles, was hart beansprucht worden ist, ausgetauscht und repariert worden ist. Hier wurde nicht mehr repariert und ausgetauscht, die Schiffe warteten auf ihren Tod unter dem Schweißbrenner. Ein bedrückender Gedanke, der noch durch die Gespräche mit den arbeitslos gewordenen Fischern verstärkt wurde. Eine gewisse Hoffnungslosigkeit schimmerte schon damals durch.

Die Stadt selbst noch im Zementgrau der DDR-Zeit, in den alten Läden, an denen noch HO zu lesen war, die neue Ware aus dem Westen. Die eigene Ware aus dem Osten mochte damals niemand mehr. Die Häuser und Straßen in Saßnitz wirkten zwar ungepflegt, aber nicht ausgesprochen heruntergekommen, von einigen wenigen alten Häusern abgesehen. Wir sind abends in einem Lokal essen gegangen und haben uns geschämt, für ein so schönes Essen so wenig Geld zahlen zu müssen.

Ein Schild am Hafen machte darauf aufmerksam, dass auf einem der Trawler Dusche und WC eingerichtet seien. Wir haben uns das Schiff von der Pier aus angesehen und verzichtet. Als es dunkel geworden war, haben wir uns schnell in der Plicht gewaschen.

Auf einen größeren Spaziergang haben wir in Saßnitz verzichtet. Der Anblick des Kap Arkona, der Stubbenkammer und des Königsstuhls von See aus hatte uns genügt. Am nächsten Morgen sind wir zeitig wieder ausgelaufen und haben zurück über Kap Arkona und dann nach Süden Hiddensee erreicht. Die Insel wirkte aufgeräumt, die Häuser verhältnismäßig gut imstand. Sie war in der DDR-Zeit Vorzeigeobjekt für die Oberen der ganzen sozialistischen Welt gewesen. Die schöne Landschaft reizte uns auch wieder zu einem ausgiebigen Spaziergang über das ansteigende, hügelige Gelände im Norden der Insel, über ein Gebiet, das Dornbusch genannt wird und an dessen Nordspitze ein Leuchtturm steht. Auf halber Höhe auf dem Dornbusch ein großes Lokal, das gerade umgebaut wurde. Zu einem Besuch bei Gerhart

Hauptmann fehlte mir wieder die Ruhe. Ich habe ihn ein Jahr später nachgeholt.

Dann Barhöft, dessen Hafen von Spöttern mit dem „Charme der NVA" charakterisiert wurde. Leider haben wir zu spät gemerkt, dass Stralsund gut mit einem Fahrrad zu erreichen gewesen wäre. Leihräder gab es in Barhöft. Schließlich der Zankapfel Darßer Ort. Einstmals Schlupfloch für die gefürchteten kleinen Küstenwachboote und an Land Ferienort im militärischen Sperrgebiet für die DDR-Oberen. Wir haben uns die Häuser angesehen. Es waren allesamt kleine, geradezu winzige Häuser mit sehr bescheidener Ausstattung. Unser Milchmann in Hamburg wäre damit nicht zufrieden gewesen. Die hölzernen Stege der Hafenanlage waren völlig verrottet, nur wenige Meter waren hergerichtet. Ein schwimmender kleiner Supermarkt bot alles, was ein Segler gebraucht, von der Banane über das Dosenfleisch bis hin zu Tauwerk und Schäkel. Sogar frisches Gemüse hatte er. Wir waren recht froh darüber. Der Inhaber klagte, dass er in Zukunft hier nicht mehr verkaufen dürfe. Die Grünen wollten den ganzen Hafen dichtmachen, der für die Sicherheit von entscheidender Bedeutung sei. Der Streit dauert übrigens bis heute an.

Hier am Darßer Ort haben wir unseren abendlichen Spaziergang gemacht. Jedenfalls, so weit es uns die Mükken erlaubten. Kein Mückenmittel hat wirklich geholfen, egal, wie es roch. Die Biester fanden ständig irgend ein Stück Haut, das nicht geschützt war und hielten Mahlzeit. Am Leuchtturm, direkt am Meer, war es besser. Den Wind, der hier stand, mochten die Mücken gar nicht. Hinterher, in der Kajüte, haben wir die halbe Nacht Jagd auf die Quälgeister gemacht. Bis auf einen oder zwei haben wir sie geschafft. Die Überlebenden haben sich bitter an uns gerächt.

Von Saßnitz hatten wir noch kurz telefonieren können, die Verständigung war aber so schlecht, dass wir nur durchgeben konnten, dass wir gesund in Saßnitz angekommen waren. Später, in Warnemünde, klappte es gut. Karin war nicht zu erreichen, Uwe war zu Haus, ausnahmsweise. Er hielt mir einen langen Vortrag: „Du mutest dir zuviel zu! Du machst dich kaputt! Das hältst du nicht aus! Mach dir nichts vor! Am Ende passiert noch etwas!" „Was soll ich tun? Nach Hause schwimmen?" „Nein, in Travemünde löse ich dich ab, damit du die anstrengende Fahrt durch den Elbe-Lübeck-Kanal nicht mitmachen musst!". Eine Fahrt, die ich liebe. Den Pferdefuß ahnte ich. „Du musst doch aber Urlaub nehmen!". „Das macht nichts! Wenn dir was passiert, mache ich mir Vorwürfe!"

So gern ich den letzten Teil der Reie mitgemacht hätte, so froh war ich doch, in Travemünde aussteigen zu können. Mein schönes, weiches Bett winkte, die Badewanne wartete auf mich. Meine Pflichten habe ich erst einmal verdrängt. Ich wollte meine Freude auf mein Zuhause nicht verderben lassen. Karin habe ich doch noch erreicht. Ihre Stimme war für mich wie Musik, das Plappern des kleinen Björn im Hintergrund eine zu Herzen gehende Begleitung. „Ich freu mich so auf dich Mama!" „Ich mich auch auf dich!".

Nach diesen beiden Telefonaten war ich wieder zur Ruhe gekommen. Die Reise war im Grunde genommen für mich schon zu Ende. Zwischen Jörg und mir blieb wohl die alte Vertrautheit, etwas an ihr hatte sich aber in den letzten Tagen verändert. Schwer zu beschreiben, worin die Veränderung besteht. Ich möchte manchmal in seinen Gedanken lesen können. Bei diesem Gedanken erschrekke ich, weil ich mir die Frage stelle, ob es mir recht wäre, wenn jemand anders meine Gedanken lesen könnte. Bestimmt nicht ! Was würde von meinem Leben noch nachbleiben ? Wie wollte ich mich schützen vor denen, die aus meinen Gedanken Kapital schlagen wollen, mich mit Hilfe meiner eigenen Gedanken beherrschen, mich demütigen und zerstören wollen ? Würden sogar die Menschen, die mir nahestehen, mit meinen Gedanken fürsorglich umgehen können ? Wäre ich überhaupt noch Herr über mich ?

Ich fragte mich, was von unserer Nähe nachgeblieben ist. Im Laufe der ganzen Reise hatten wir eine ganz bewusste Distanz zum anderen gepflegt. Mir war vom ersten Tag an bewusst, dass zu große Nähe unser bis dahin herzliches Verhältnis hätte zerstören können. Ich weiß auch, dass eine so gestörte Beziehung kaum jemals wieder zu heilen ist . Ich denke, dass es mir in den vergangenen Jahrzehnten ganz gut geglückt ist, das Gleichgewicht zwischen Nähe und Distanz in meiner Familie zu sichern. Im Umgang mit den Kindern ist eigentlich kein Wunsch offen geblieben, mit Ernst ist es mir nicht immer gelungen. Nähe zu meinem Ehemann war mir selbstverständlich, anders als zu den Kindern, die sich von mir abnabeln mussten. Die Grenzen zwischen Nähe und Distanz habe ich bei Ernst nicht immer wahrnehmen wollen. Ob ich mich mit dieser Einsicht würde ändern können, wenn mir eines Tages ein Mann wieder nahestehen würde ? Noch war es lange nicht soweit.

Uwe hatte mir Grüße von diesem und jenem bestellt, als ich ihn das letzte Mal am Telefon erreicht hatte. „Viele Grüße auch von Robert !". Er wiederholte es. „Ja, ich habe verstanden, von Robert !". Keiner dieser Grüße hatte in mir mehr als nur freundschaftliche Gefühle ausgelöst. Nur ganz wenige Menschen hatten sich häufiger nach mir erkundigt, meistens luden sie nur ihren eigenen

Kummer bei mir ab. Die wenigen, die sich wirklich um mich bemühten, hatte ich schätzen gelernt. Meine Kinder kannten sie und teilten meine Meinung.

Timmendorf auf der Insel Poel vor Wismar. Nur ein kleines Hafenbecken, ins Meer hinein gebaut durch eine kräftige Steinmole. Ein Wohnhaus, aus dessen Mitte ein Leuchtturm herausragt und ein zweites, drittes. Nahebei ein Campingplatz unmittelbar hinter den Dünen. Ein Laden aus DDR-Zeiten und ein Wachtturm. Für Segler und andere kleine Fahrzeuge war der Hafen nicht geeignet. Er war aber gut von der See zu erreichen. Aus dem Hafenbecken quoll von Zeit ein Schwall schmutzigen Wassers empor und gab eine Wolke stinkenden Gases frei.

Der Hafenmeister war ein lieber Kerl, ein Seemann von der Art, wie ich sie seit Jahrzehnten auf vielen Schiffen bei Ernst erlebt und schätzen gelernt habe. Ich erzählte ihm, dass wir Mutter und Sohn seien und nach dem Tod von Ernst mit dieser Reise Abstand gewinnen wollten. Warum habe ich ihm das überhaupt erzählt ? Er sah uns ein wenig verlegen an, nahm die Mütze vom Kopf, kratzte sich und sagte ganz schlicht : „Schiet !". Ich legte meine Hand auf seinen Arm, um ihn aus seiner Verlegenheit zu befreien. „Du schaffst das bestimmt ! 'ne Frau wie du !". Das DU kam so selbstverständlich, so warm und ohne jede plumpe Vertraulichkeit. Es hat einfach wohlgetan.

Wir haben wieder lange über die Wende gesprochen. Die auch hier zunächst nur Brüche und volle Läden erzeugt hatte. Die politischen Veränderungen interessierten nur wenig. Ja, schöner sei es schon, wenn der Staat nicht überall seine Nase hineinstecke.

Die paar Ausflügler, die täglich von Scharbeutz oder auch von Travemünde mit dem Schiff herüberkamen, um am Leuchtturm Kaffee zu trinken, mochten die Leute nicht so recht. Ein junges Ehepaar hatte mit viel Phantasie, viel Geschmack und wenig Geld das kleine Cafe hergerichtet und bot selbstgebackenen Kuchen an. Manchem der Wessis war dieses alles nicht fein genug, und sie nörgelten herum. Vielleicht waren sie auch nur noch nicht mit ihrer Seekrankheit fertiggeworden.

Ich nahm das Fernglas und sah noch einmal zurück. Der alte Wachturm, der an die Zeit des Überwachungsstaates erinnerte, war frisch geweißt, die Fenster zeigten Gardinen und Blumen. Stacheldraht, der zu Blumen wird! - an ein solches Lied musste ich denken. Eine hübsche, eindringliche Melodie und ein nachdenklicher Text aus der Zeit der Konfrontation, der aufforderte, an ein Wunder zu glauben.

Der Weg von Poel nach Travemünde ist nur kurz. Schon beim Auslaufen aus Timmendorf ist der riesige Hotelturm in Travemünde über der Kimm zu sehen. In der letzten halben Stunde in Timmendorf auf Poel hatte ich noch einmal mit Karin telefoniert. Björn sei ein sehr unruhiges Kind und zur Zeit sei er es besonders. Sein Schlaf würde vielfach unterbrochen und würde sie fast die ganze Nacht beschäftigen. Das Leben mit Björn sei zur Zeit sehr anstrengend. Ich konnte es mir nicht recht vorstellen, in mir war immer noch das Bild, wie Ernst ganz lieb mit dem Kind umging und seine eigene Ruhe auf den Kleinen übertrug. Großeltern sind wahrscheinlich abgeklärter als Eltern bei ihrem ersten Kind. Karin hat manchen meiner Ratschläge dankbar angenommen. Ich hatte ja nicht nur die Erfahrung mit drei Kindern statt nur mit einem, und ich habe keinen Mann gehabt, der mir, wie jetzt Manfred der Karin, beigestanden hätte.

Jörg fing an, im Schiff aufzuräumen. Säuberlich unterschied er nach Mein und Dein. Wenn ich ihn auf Travemünde ansprach und ihn fragte, wie es weitergehen sollte, wurde er unwirsch. Das erste Mal, als ich ihn danch fragte, wich er noch aus und sagte : "Das weiß ich noch nicht !". Der Tonfall behagte mir nicht, und ich fragte ihn eine Weile später : "Wie soll es denn nun weitergehen ?". Er wurde eine Nuance härter : "Das wirst du sehen !". Nun war mit einemmal wieder die alte Distanz da, mit der Jörg sich von mir, von seinen Eltern, abgenabelt hatte und die er immer deutlich gemacht und verteidigt hat.

In Travemünde legte Jörg unter den Augen des gestrengen Hafenmeisters das Schiff seegerecht mit dem Bug zur Hafeneinfahrt hin an den Steg, ließ wie bei einem großen Dampfer die Leinen ausstecken und brachte das Schiff zentimetergenau zum Stehen. Wir kannten den bullernden Hafenmeister seit langem. Über die unbeholfenen Segler, deren seemannschaftlichen Kenntnisse kümmerlich waren, konnte er sich maßlos aufregen, gute Seemannschaft honorierte er mit polternder Freundlichkeit.

Schon als ich ihn sah, war mir ein anderer Hafenmeister in den Sinn gekommen, der auf der Insel Lyö in der dänischen Südsee, der Welt der kleinen Inseln südlich Fünen. Ich war mit einem anderen Boot mit Freunden bei unvermutet aufkommendem Sturm nach Lyö geflüchtet. Beim Anlegen briste es noch einmal gewaltig auf, Regentropfen, von denen ein einziger nicht in ein Schnapsglas gepasst hätte, trieb der Sturm waagerecht vor sich her. Unser Anlegemanöver ging schief, nur mit freundlichen Helfern konnten wir das Schiff bändigen. Im strömenden Regen stand einige Meter entfernt im unscheibaren grauen Ölzeug mit der typischen Tasche vor dem Bauch der Hafenmeister. Ich war wütend. Konnte der miese Kerl mit dem Kassieren nicht warten, bis der Regen und der Sturm aufgehört hatte ? Er wartete trotz des Regens und des Sturms geduldig, bis wir das Schiff versorgt hatten und begrüßte uns dann in einwandfreiem Deutsch mit den inzwischen klassisch gewordenen Worten : "Wieviele Brötchen wollen Sie morgen früh haben ?".

Zur Feier des Tages haben wir gründlich geduscht, unser letztes sauberes Zeug angezogen und sind auf den Steg gestiegen, genau in eine Gruppe von Leuten hinein, die uns sofort ansprachen : "Wo kommen Sie her ?" „Das ist doch ein Folkeboot !" „Wie war das Wetter ?" „Wie lange wollen Sie hier bleiben ?" „Wo wollen Sie hin ?" „Waren Sie nur zu zweit „ Igitt ! . Eine ältere Frau musterte uns beide unangenehm. „Mein Sohn hatte keine andere Crew als mich," rechtfertigte ich mich und ärgerte mich im gleichen Augenblick, dass ich mich hatte hereinlegen lassen. Trotzdem machte ich deutlich :"Ich bin mit meinem Sohn fast acht Wochen unterwegs gewesen ! Skagen, die schwedischen Westschären, Bornholm !" Mein Stolz auf das Überstandene war stärker als der Ärger gewesen. Die Frau machte große Augen. Ich blieb am Ball : "Dann bin ich mit meinem Sohn die ganze ostdeutsche Küste hochgesegelt !" . Ich merkte, dass wir Aufmerksamkeit erregt hatten. Die Frau sagte noch: "Ihr Sohn muss ein erfahrener Segler sein, wenn er sich zutraut, eine solche Reise allein mit seiner Mutter zu machen !".

Von der Straße her winkte Uwe. Woher wusste er so genau, wann wir hier sein würden ? Wir beide, Jörg und ich gingen die Holztrreppe zu Uwe hinauf, Jörg betont langsam, ich konnte die Zeit nicht abwarten, sprang die Treppe hinauf und küsste meinen Jungen ab. Er drückte mich, das mir die Rippen hinterher weh taten. Als die Brüder sich gegenüberstanden, sagten sie nur :"Hey", klatschten kurz mit den Händen zusammen und dann war scheinbar gar nichts. Aber nur scheinbar ! Ein Strom, nein, ganze Ströme flossen hin und zurück, Gefühle, Kräfte, Liebe und Zuneigung, Bindung - ich weiß nicht, wie ich diesen Ozean beschreiben kann. Obwohl ich beiseitestand, fühlte ich mich mitgerissen und bis in die Tiefe meines Ich angesprochen. Ich wollte vor Freude heulen und traute mich doch nicht.

In der Kajüte machten die beiden kurzen Prozess mit mir "Uwe bleibt hier und bringt mit mir zusammen das Schiff nach Hamburg !" „Und ich?" „Du fährst mit Uwes Wagen nach Haus !" „Noch heute?" „Na ja, nicht unbedingt !". An diesen Abend werde ich noch lange denken. Ich war dankbar für die Aufmerksamkeit und die Liebe, die mir meine Söhne schenkten. Und dennoch war ich für sie Außenseiter, der an ihrem Leben nur begrenzt teilhat. Ich war danach traurig und froh zugleich.

Am nächsten Morgen, nach einem Frühstück 1. Klasse, hatte Uwe eine Tasche mit meinen wichtigsten Sachen die Treppe hinauf zu seinem Wagen gebracht. Ein Fremder kann Uwe und Jörg nicht auseinanderhalten. Auch die ältere Frau von gestern Abend nicht . Sie sprach mich an : "Ihr Mann ist schon raufgegangen !".

Die beiden zögerten noch, sich von mir zu verabschieden. Ich spürte, dass eine Verschwörung im Gange war und war verstimmt. Gesagt habe ich nichts. Verschmitzt, wie ich sie bei ihren Streichen als Kinder erlebt hatte, erklärten sie mir, dass Uwe doch keine Zeit hätte, an Bord zu bleiben. Leider, das betonten sie und grinsten wie die Kobolde, müsste ich bis Geesthacht noch an Bord bleiben. Das, leider, müssten sie mir noch zumuten. Wie ich wohl reagiert habe ?

Nachwort : Meine Tochter hat Recht behalten. Ich bin nicht allein geblieben. Mit Robert zusammen habe ich diese Familiengeschichte zu Ende bringen können. Ich bin dankbar dafür, auch wenn es manchmal sehr weh getan hat, alte, längst beiseitegeschobene Erinnerungen wieder lebendig zu machen. Zu wissen, dass ich damit nicht allein bin, tut gut. Im Einen wie im Anderen.

Der erste Band dieser anrührenden Familiengeschichte
ist unter dem Titel

Seemanns Braut ist die See
Autorin Hildegard Morche

als gebundenes Buch im Verlag Ernst Kabel
ISBN 3 - 8225 - 0397 -5
und als Taschenbuch unter dem gleichen Titel
bei PIPER erschienen.
ISBN 3 - 492 - 22729 - 5